找對方法做對事

[方法永遠比問題多，
用你最喜歡的九種方法做對任何事！]

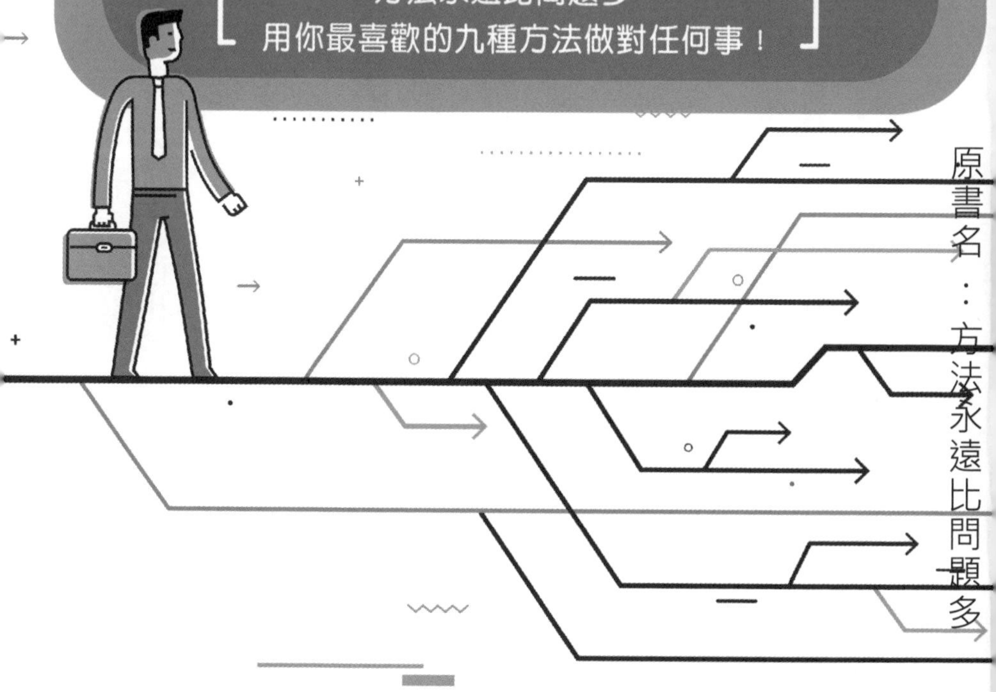

原書名：方法永遠比問題多

〔編輯序〕從一數到九，做對世界上所有對的事

鐘錶裡的秒針在牆上轉，陀螺在地上轉。陀螺抬頭嘲笑秒針說：「你每天急急忙忙地轉，卻總是走著同一個圈，忙忙碌碌有什麼意義呢？你看我，想轉到哪就轉到哪。」

秒針笑了笑，對陀螺說：「你也是忙忙碌碌地轉，我也是忙忙碌碌地轉，但我轉圈能夠指示時間，人們離不開我，而你，轉來轉去意義何在呢？」

事實上，在我們周圍經常聽到這樣的抱怨。

「雖然我忙得團團轉，可是時間老是不夠用！」

「我總是有接不完的電話、開不完的會……」

「我覺得自己忙得都快要爆炸了！」

生活在數位化時代，很多人每天拿著周密的計畫表，穿梭在辦公室、車站、會議室之間，不停地接見客戶，洽談業務，可謂馬不停蹄，日理萬機。在這個過程中，電腦、手機不斷地彈出資訊：十點鐘回覆某某電話；十一點五分接待客戶；十二點陪某某吃飯。一個人可以應付多種任務，因此我們為精確的時間安排感到自豪，將時間安排得滿滿的。可是這樣的時間

安排，你真的能夠精力充沛地做好每件事嗎？

當你按照時間計劃表不停地奔波時，是否遇到這樣的情景：中午時分你感到煩躁、容易發脾氣；晚上還沒有下班，你已經累得不想走路；回到家裡，很想與家人親近卻總是提不起精神。

上述現象無情地提醒我們：人的精力是有限的，哪怕時間安排得再精確，一旦精力跟不上，效率也不會提高。精力是我們最寶貴的資源，做事情不僅要合理安排時間，還要懂得合理分配自己的精力。

任何東西使用到其極限時都會崩潰，人體也是如此。弓弦繃得太緊容易折損，人體消耗過度容易出現毛病。要想保持身體健康，就要合理安排自己的精力。善於安排自己的精力，生活就會輕鬆，心情就會愉快，體力就會充沛，熱情就會飽滿。人不可能時時保持旺盛的精力和飽滿的熱情，畢竟精力有限，過度使用就會帶來很大的危害。

那麼，生活和工作中，該如何分配精力才合理呢？本書將帶你從一數到九，做對世界上所有對的事。我們將為你做詳細分析，幫你找到如何正確做事，少付出多回報的關鍵方法。九項原則讓其他事變得容易做，或者根本不必做！

其實，不論做什麼事，完成什麼任務，事先的分析和準備都有助於釐清實現目標的最佳方案。凡事預則立，不預則廢，有些事情不可不弄明白，忙也要忙到重點上。要知道如何主動地安排工作，而不是被動地適應工作，才能高效率地做事。就像一只精準的鐘錶，行走十分規律，不快也不慢。

每天一早，就理清一天要做的事，然後以二八的比例，在合理的時間內，集中精力重點解決百分之二十的重要部分，然後根據精力狀況依次解決剩餘百分之八十的事情。根據事情進展，隨時做出標記，分清主次，擇要處理，巧妙安排，提高效率，既節省精力，又能使工作順利完成，事情圓滿解決，做到良性循環，步步提升，游刃有餘。

一個能做大事的人，必懂得把握客觀形勢並捉住時機。在新的領域、在紛繁複雜的新工作面前，找到一個符合自己特點的工作方法，走出一條屬於自己的路，那麼擺在我們面前的，必將是一條輝煌的陽關大道。

〔自序〕找對方法，做對事，成功沒有那麼累

大蟒蛇和小毒蛇是好朋友。有一天，他們在路邊發現了一隻大烏龜，心想，這麼大的塊頭，真是一頓美餐啊。

蟒蛇自告奮勇地說：「我來對付他。」於是施展自己的絕技，用身體將大烏龜牢牢地纏住。大烏龜將頭和身體縮進了殼裡，任憑蟒蛇怎麼纏怎麼繞，也無法傷害到大烏龜。累得氣喘吁吁的蟒蛇洩了氣，閃到一邊。

大烏龜謹慎地露出腦袋，可就在他伸出腦袋的那一瞬間，小毒蛇閃電般地竄上去，在烏龜腦袋上咬了一口，大烏龜很快因為中毒而死了。

蟒蛇佩服地說：「哇！我花了那麼大力氣也沒能制服他，你卻輕而易舉地辦到了！」

小毒蛇說：「因為我瞭解他的要害。」

有些人雖然看上去很有執行力，接到任務立刻雷厲風行地去做，卻不一定能夠圓滿完成，甚至事倍功半。癥結就在於懶得思考，輕舉妄動，對任何事情都不深思熟慮，只憑一時衝動草率行事。如果事先能夠認真制定策略，抓住事情的關鍵點，一招制勝，又怎麼會忙得暈頭

轉向呢？

舉一個例子：在行銷工作中，新品上市初期，開拓市場、尋找經銷商是一件非常重要的工作。面對一個陌生的城市，如果你是一名銷售員，會怎麼辦呢？是急於四處走街串巷，把自己淹沒在混亂的店家和疲憊的行走中，還是經過市場調查後，擬定拜訪計畫及合理路線？

有智慧的人做事絕不匆忙，也不拖延、不莽撞、不躊躇。他們總是有條不紊，不慌不忙，沒有積壓，也不延遲。

做工作的主人，而不是奴僕。不能一有想法就立刻去做，待發現偏差才要調換，而是一開始就把所有事情都想好、理清。

有時候過於忙碌是因為我們額外增加了一些不必要的工作，表面上看起來，我們是有所追求，是積極向上，但是仔細思索之後就會發現，很多人陷入了「為忙碌而忙碌」的怪象之中。

這時我們不妨問問自己，因為受生活方式的習慣影響，每天有多少事情是不得不勉強去做的？繁瑣的例行公事是否讓自己的生活掉進了浪費時間、浪費精力的陷阱？如果為了一些可做可不做的事情，把自己弄得團團轉，實在是一種錯誤的心態。

捷克青年齊克和莫里都酷愛登山，十八歲時，他們就一起攀登上歐洲第一高峰－勃朗峰，後來又先後登上了九座海拔超過四千公尺的山峰。

這時，他們把目光瞄準了世界第一高峰－珠穆朗瑪峰。齊克發 E-mail 給他的父親說：「身為一名登山運動員，沒有征服珠峰，就不算成功。」

父親回信告訴他，以他目前的實力和裝備，征服珠峰的可能性非常微小，與其光憑一腔熱情做希望渺茫的事，不如先踏踏實實地奔向能夠實現的目標。認真思考了父親的話後，齊克對莫里說：「我覺得我們應該先試著征服吉力馬札羅山，不一定非要一步登天。」但是他的建議遭到莫里拒絕，一對夥伴只好分道揚鑣。

此後的八年間，齊克先後征服了海拔五千八百九十五公尺的吉力馬扎羅山和海拔六千八百九十三公尺的鹽泉峰，還在沒有後援的情況下，成功登上了海拔八千一百七十二公尺的道拉吉里峰。他被任命為捷克國家登山隊的副教練，還被國際登山者協會吸收為理事。

二〇〇八年五月二十日，齊克無意中在報紙上看到，莫里在攀登珠峰時，不幸墜崖身亡。

在這八年的時間裡，莫里一直在申請攀登珠峰的簽證和批文，由於尼泊爾對申請要求嚴格，莫里只獲得三次簽證和批文。他第一次攀登到七千六百公尺，第二次攀登到八千三百公尺，在第三次攀登時遇難。

一個月後，齊克也踏上了攀登珠峰的征程。憑藉精湛的登山技能和豐富的經驗，他一步一步向上攀登，直達珠峰峰頂。站在海拔八千五百公尺處，齊克不禁想到了長眠於此的夥伴，心中百感交集。

齊克在他的登山生涯中，有其最終目標，但是他根據自己的能力，把具體目標分成了幾個小目標，一個一個地完成。並在完成小目標的過程中，不斷為自己積累經驗，一步一步為達成最高目標努力。

人生就像登山，要懂得取捨，選擇什麼，放棄什麼，是一門藝術。如果雙眼只盯住最高目標，最終的結果可能是跌入萬劫不復的深淵。而從最有可能實現的目標入手，一路攀登，一路向上，當有一天站在最高峰的時候，你會發現，原來一切不過是水到渠成。

〔目錄〕Contents

七折八扣：捨得，捨得，不捨不得

八方呼應：整合資源，為我所用

九九歸一：只要做得對，人生永不悔

一個中心原則：

堅持意味著勝利

1 確定人生方向，會選擇勝過會做事

「你必須自己開始。」這是猶太哲學家馬丁．布伯告訴我們的一句話，他認為每個人必須以自己的方式去探索人生的意義。然而現實非常殘酷和無奈，大多數人不得不承認，由於缺乏明確的目標和方向，他們畢生不停忙碌，卻收穫甚微。他們不知道自己該何去何從，在變化多端的社會中，一會兒向南，一會兒往北，今天試試這個行業，明天做做那個工作。一旦遭遇不順，馬上從生命的航線上掉頭，然後迷失方向，在漫漫無際的人生海洋中飄蕩。

確立方向是人生努力的第一要素，更是成功的原動力。

一九五三年，哈佛大學對應屆畢業生做了一次調查研究。

調查的主題是詢問畢業生們有沒有清晰明確的人生方向以及具體計畫。

當時，只有三％的畢業生給予肯定的答覆。學校繼續追蹤研究，二十年後結果出來了，三％有著人生方向和目標的學生，他們不管在事業還是幸福感上，明顯優於那些沒有方向和目標的人。更令人驚訝的是，這三％學生的財富總和，竟然超過了其他九七％的學生。

方向和目標計畫是成就此一奇蹟的力量。我們發現，缺乏方向和目標，人就會忙亂無序，變得沮喪，沒有任何的追求。發明大王愛迪生是一個善於制訂目標，並勇於朝著目標前進的人。他陳述了發明創造的五個要素，第一就是清楚判斷達到何種目的；然後全神貫注，採用一切手段去努力，並且不怕挫折，即便失敗了，也要堅持到底，不斷尋求解決問題的辦法和途徑。

確立方向為什麼具有如此強大的力量？

根據心理學研究發現，人一旦有了明確的目標，潛意識就會自動發揮能量，產生推動力，而且可以不斷地自我修正，帶領主人向目標前進。在此一過程中，達成目標的原因極為關鍵，是一種原動力。所以不管我們做什麼事，做事的目的比達到的結果往往更為重要。

確定人生的方向需要明白方向不僅讓個人獲得物質收入，還決定著你會成為什麼樣的人。是守財奴、政治家、明星？還是一位普通的上班族……許多人在為自己設定目標時，都無一例外選擇「金錢」。他們不服氣地說：「我怎麼會沒有人生方向？我就是想多賺錢！」多賺錢不是錯，問題是人生的方向不止於此。金錢、物質、地位，無不與人生的目標有關，它們就像蓋房子用的材料，例如水泥、木材、磚塊，可是它們不是房子。這些材料必須在堅實的地基上，經過加工建造才可以成為漂亮的房子，所以選擇人生的方向，就要確定心中真正需要的東西，不要窮其一生都在收集材料，最後發現地基都沒有打好，白白辛苦一世。

這裡涉及一個時尚話題——「選擇大於努力」。

確定人生方向，首先在於個人的選擇能力。

第一，選擇方向的主要出發點在於你想過一個什麼樣的人生。

毫無疑問，什麼樣的選擇決定什麼樣的生活。

美國有一句諺語，「當一個人知道自己想要什麼時，整個世界將為之讓路。」

托馬森·沃森被攆出公司的時候，已經是不惑之年了，然而，他依然沒有迷失他的人生方向，對職業的選擇毫不含糊。

他先是拒絕了製造潛艇的電船公司和製造武器的雷明頓公司，他認為這些公司看起來如日中天，實際上二戰之後就該油盡燈枯了。

接著，道奇公司請他去做總經理，他也沒有答應。如果沃森接受了以上這些誘人的職位，也就沒有後來的ＩＢＭ，以及聞名世界的沃森了。

選擇不同，結局迥異，這就是選擇的魔力。我們今天的生活，是由幾年甚至幾十年前的選擇所決定的，我們今天的選擇也將決定我們未來的生活。選擇可能在一瞬間，卻勝過幾十年的努力。

人們時常抱怨：「我付出很多，得到卻極少！」如果你遇到這種情況，那麼我們可以說你的選擇一定出現了大問題。

如何擺脫這種噩夢，讓成功離自己近一些呢？

從一開始就要做出正確的選擇，是決定結局的關鍵。

第二，選擇，要從個人能力出發，學會分析和預測。

有一頭驢偶爾聽到蟬唱歌，立即被美妙的歌聲迷住，牠頭腦發熱，當即表示要向蟬學習歌唱，並請教唱歌的訣竅。蟬想了想說：「其實也沒什麼，可能是我每天清晨喝露水的原因吧！」驢聽了，就天天在樹下以露水充饑，結果沒幾天就餓死了。

盲目的選擇只會走向失敗，不管你怎麼刻苦耐勞，這是一條定律。到目前為止，如何選擇困擾著很多人，他們不知道自己的目標和方向，這是極端危險的。

從個人的愛好、能力、環境出發，預設未來，是你勢在必行的事業。

有些人喜歡預測，透過預測設定自己的未來；還有些人喜歡幻想，認為幻想就是方向。這裡我們必須講求明確，預測和幻想不可偏廢，選擇方向，既不能太實際也不能太空洞。應該結合現實，積極地分析、研究新事物，從中發現適合自己的目標。

第三，選擇了人生的方向，就要持之以恆地去實施。這時一定要有強烈的決心和意願。

有位老農夫在荒地上開墾種植作物，引來路人嘲笑，他們說：「老頭，這裡堆滿了石塊，地下都是樹根，你是在這裡挖金子吧！」老農夫不理他們，繼續埋頭苦幹，辛勤地清理著碎石塊、爛樹根，然後進行翻土、整理、施肥。轉眼幾年過去了，荒地變成了沃土，秋天老農夫高興地在田裡採收作物。這個時候，又有人從路邊經過，看到豐收的果實羨慕地說：「老人家，您真是有福啊！老天賜給您這麼一塊寶地。」

老農夫擦了一下汗水，看著路人回答：「是啊！可是你不知道，上天賜給我寶地時，大家都罵我是個老傻瓜。」

很多人與別人一樣做了選擇與起步，但還是無法與成功攀上交情。這些人大多沒有堅定的決心和勇氣，在他們的頭腦中，達成目標固然很好，但是就算到達不了目的地，似乎也沒有什麼痛苦。在這種心態的作用下，必然缺乏實踐的動力，對於這些人，我們的建議是：快樂地做事，如果無法實現目標，痛苦將會伴隨終生。

你要記得：

1. 確定內心真正想要的是什麼，缺乏方向和目標，生活就會灰心失望，忙亂無章。
2. 什麼樣的選擇，決定什麼樣的人生；選擇人生的總方向，然後設定具體的目標，分解成多個步驟。
3. 選擇時，一定要從個人能力出發，結合現實
4. 有著一定要去實現目標的堅持。

2 不必懂得太多，欲望越少機會越多

有隻小羊餓了，在急切的覓食過程中竟然發現了兩塊草地。小羊激動萬分，朝著A草地奔去，可是快到草地邊上時，牠發現草地B更茂盛。於是，小羊放棄草地A，奔向草地B。

奇怪的是，當小羊到達草地B時，牠又覺得還是草地A更鮮嫩茂盛，因此又返回草地A。然而牠對草地A還是不滿，又折回草地B。如此反覆來回幾次，小羊累得筋疲力盡，再也無力奔走，這時牠恰好處在兩塊草地之間，吃不到任何草，最後活活餓死了。

知道得越多，欲望會越多，這是人之常情，誰都希望擁有最棒的草地，得到最好的回報，為此不辭辛苦，百般折騰。可是結果如何？往往哪塊草地都得不到，而且活活地累死與餓死。

我們生活在一個充滿誘惑的世界，身邊布滿欲望的陷阱，不管你願不願意，各式各樣的誘惑都會蜂擁而至，有更好的工作等著你，有更漂亮的女人向你示愛，有更優惠的產品不斷出現……到底該如何抉擇，該如何控制自己的欲望？

欲望是人生而有之的東西，人一生總不斷衍生著新的欲望和貪戀。

大珠慧海是馬祖道一的得意弟子，他曾問師父該如何修行，馬祖道一回答：「餓了吃飯，

睏了睡覺。」大珠慧海十分詫異：「每個人不都是這樣做嗎？」馬祖道一說：「普通人吃飯睡覺不是修行，他們在吃飯的時候想著一千個心事，睡覺時夢中糾纏著一萬個心結。」

大多數人都成不了大師，無法達到修行的高度，就是因為他們無法明白，欲望是一把雙刃劍，應該遵循著自然之道：過猶不及，物極必反。欲望過強、過多，會改變事物的發展規律，分散做事的精力，最後導致失敗，甚至滅亡。

日本明治時代有一位著名的禪師名叫南隱。

有一次，一位博學多才的大學教授特地趕來向他問禪。

南隱禪師什麼也沒說，只是以茶相待。他往教授的杯子裡倒茶水，一直到杯子滿了，依然沒有停下來。教授見此，忍不住開口說：「滿了，已經滿了，請不要再倒了。」

南隱禪師停止倒茶，語重心長地說：「你就像這個杯子，裡面裝滿了太多的東西，像是學識、觀點和看法。如果你不肯把自己的杯子倒空，我又怎麼對你說禪呢？」

這個故事告訴人們，懂得越多可以接受的新東西就越少，只有把自己的頭腦清空，才能裝下更多的新東西，給自己最多新空間和機會。因此我們看到成功者之所以成功，往往不是他們比別人懂得更多，追求更多，而是他們知道拒絕誘惑，排除雜念，減少各種不必要的欲望困擾。

董仲舒是西漢著名儒學大家，提出了「罷黜百家獨尊儒術」的主張，他年輕時專心讀書，書房後面就是一個漂亮的花園，可是他三年時間從來沒有去花園觀賞一眼。他知道多彩多姿的花園會勾起他的各種欲望，分散他的精力，讓他無法專心攻讀。

當一個人欲望越少時，做事的專心程度就越高，成功的機率就越大。有句話說「弱水三千，只取一瓢飲」。天下的水再多再大，你也無法將它們全部擁有，選擇屬於自己的，自己所熱愛的，才是明智的選擇。

那麼，我們該如何減少自己的欲望呢？

第一，減少欲望，首先需要一顆平常心，能夠平和地待人處世。

「欲」由心生，有人不停地為自己規畫：「今年賺到一輛寶馬的錢」，「再賺十萬，湊足一百萬我就不賺了」等等想法，無一不是欲望的再現。被欲望牽制，往往會失去更多快樂和自由，把自己變成欲望的機器，從而失去更多機會。

有一個人偶然間撿到一顆雞蛋，他很高興，一邊走一邊盤算：「這可是意外收穫啊！如果我將蛋孵化成小雞，等到雞長大了，又可以多下蛋。再將這些蛋孵化成雞，雞生蛋，蛋又生雞，我可就發大財了。到那時候我要蓋漂亮的房子，還要買幾個丫鬟，當然我的老婆年齡大了，不能好好服侍我，我也要娶幾房姨太太……」

這個人興高采烈，突然腳下一滑，雞蛋掉到地上摔碎了。

與其妄想一堆不切實際的東西，不如擇其人生最需要的一以貫之，集中精力，努力達成自己的目標。

第二，減少欲望，就是需要不斷地拒絕各式各樣的誘惑，讓目標更單純、更清晰，讓自己做事更專心、更容易成功。

想做到這一點，需要具有放下欲望的勇氣和決心。

著名的銷售大師喬·吉拉德針對如何讓事業成功曾說：「應當投入聰明、有智慧的工作。」

有人認為成功需要百分之百的付出，可是他強調：不是百分之百，而是一四〇%，這才是成功的保證。

而要達到一四〇%的付出，只有排除雜念，將所有精力集中到一點。

第三，減少欲望，不要懂得太多，並非就是一無所知，什麼都不去學習、瞭解，相反地，在專業領域，與個人人生方向一致的東西，應該瞭解和熟悉。

「小王子」是我們熟知的故事。

小王子生活在自己的星球上，擁有一朵美麗無比的玫瑰花。小王子從來沒有見過玫瑰花，覺得這朵花真是太美了，因此深深地愛上了它，並認為這是唯一的一朵玫瑰花。

可是，後來小王子來到地球，他發現地球上到處都是玫瑰花，這時他才知道，他擁有的不過是一朵普通的花。這個發現讓小王子傷心失望，但是隨著時間推移，他漸漸明白，儘管世界上有無數的玫瑰花，他的那朵依舊是獨一無二，因為那是他用心血澆灌照顧過的。

小王子為自己的玫瑰花折服，因為他為此付出了時間和心血，所以他能抗拒其他玫瑰花的誘惑，放棄諸多的選擇，堅守如一。這個故事告訴我們：不必擁有太多，欲望越少，幸福就越容易，成功的機會就越多。

你要記得：

1. 欲望是一把雙刃劍，遵循著自然之道：過猶不及，物極必反。欲望過強、過多，會改變事物的發展規律，分散做事的精力，最後導致失敗，甚至滅亡。
2. 弱水三千，只取一瓢飲。
3. 減少欲望，需要用一顆平常心不停地拒絕各式各樣的誘惑。
4. 不必擁有太多，欲望越少，成功的機會就越多。

3 看清問題的本質，圍繞中心先規畫

在許多時候，我們做事時會被各式各樣的問題糾纏困擾，看似簡單的事情卻費盡心力也解決不了。這只能說明問題也許真的很簡單，但是我們沒有看透問題的本質，不知道抓住解決問題的核心，被表象迷惑了。

任何事物都有自己的表象掩飾內在的本質，比如我們日常看到的山川、樹木、天空，是地球的表象，而導致這些表象出現的規律就是地球的本質。表象和本質是互相作用，互為因果的，當它們達到一致時，表象可以真實地反映本質；如果達不到，表象就會掩蓋本質，迷惑他人。

生活中，每個人都希望擁有看透本質的能力，他們說：「這只是表象！」「不要被表象蒙蔽！」既然大家都不願被表象迷惑，唯一的出路就是學會看清本質。

第一，看清問題的本質需要具有一雙慧眼，善於「撥雲見日」。

明朝成化年間，有一位民間老畫家擅長畫荷花。

很多顯貴和富商都登門求畫，可是不管他們出多少錢，老畫家就是不肯為他們畫荷花。

漸漸地，老畫家的怪脾氣人盡皆知，大家便不再勉為其難，不求荷花圖了。

不過，人們暗地裡議論：「從來沒有人看過他畫的荷花，看來這不過是言過其實罷了。」

老畫家對人們的議論有所耳聞，但是不為所動，依舊我行我素。

有一天清晨，老畫家打開家門時，看到兩個八、九歲的孩子跪在那裡，大吃一驚，連忙扶起他們問道：「你們有什麼事嗎？為什麼跪在這裡？」

兩個孩子凍得直打哆嗦，顫抖著回答：「我們知道您的名望，打算拜您為師，學習畫畫。」

老畫家從來沒有收過弟子，他看著兩個孩子，想起自己年輕時拜師學藝的情景，不免動了真情，流著眼淚說：「好吧，我已經老了，如果不收徒傳業，百年之後我的畫技就消失了。既然你們這麼想學，不如就收你們。不過我有個條件，你們必須勤學苦練，不能辱沒了我的名聲。」

兩個孩子趕緊磕頭，連聲說：「謹遵師命！謹遵師命！」

果然，兩個孩子刻苦學習，他們自從拜師後很少玩耍，每天都在努力地練習。其中一個孩子聰明無比，學什麼會什麼，他的技法很快就與老畫家接近了。另一個孩子卻沒有這麼幸運，他看起來很笨，不管老畫家教他什麼，他只會在紙上塗抹一堆黑黑的東西，左看右看都看不出像什麼。

聰明的孩子嘲笑他：「真是傻子！」

老畫家也很奇怪，因為這個孩子聽課時非常認真，可是他就是不照著自己傳授的東西去畫，有時候明明講的是山水畫，可是孩子拿起筆又去畫那些黑黑的東西。

轉眼過了兩年，聰明孩子進步神速，而被稱為「傻子」的孩子還在畫黑黑的東西。

這時候，老畫家忽然悟到了什麼，他不去糾正「傻」孩子，還頻頻地點頭認可他的舉動。

聰明孩子有些生氣：「唉，師父年紀大了，分不清好壞了。」

某一天，老畫家宣布要傳授畫荷花的技法。

聰明孩子格外激動，他想：「師傅果然名不虛傳，看來人們的猜測錯了。太好了，只要我掌握了畫荷的技巧，就可以名揚天下了。」

老畫家開始傳授技法，他一邊講一邊畫，令聰明孩子失望的是，老畫家講授的內容沒有什麼獨特的地方，而且師父畫的荷花也沒有出眾之處。

就在他垂頭喪氣的時候，老畫家突然喊「傻」孩子，讓他來完成自己的荷花圖。

「傻」孩子接過畫筆，在荷花圖上畫起那些黑黑的東西，就見荷花好像活了一般，散發出清香，荷葉也露出鮮活的力量。

聰明孩子目瞪口呆，他不知道為什麼一幅普通的荷花圖，在「傻」孩子胡亂塗鴉下竟然煥發了生機？

聰明孩子認為老畫家偏心，傳授了「傻」孩子絕技。

可是老畫家微笑著說：「不是我偏心，你知道嗎？荷花是長在什麼上面的？泥土啊！只去畫荷花和荷葉，畫得再好也很普通，那只是畫出了表象而已；只有讓荷花生長在泥土上，才是抓住了本質，也才能展現天然風韻，讓它活靈活現。就像畫一隻鳥，要融入自己的情感。可是誰會對泥土動感情呢？泥土太普通了，很難對它產生激情，只有刻苦地練習，把愛融入黑黑的泥土裡，才會畫出神奇的荷花。」

聽了這番話，聰明孩子終於明白了，原來「傻」孩子這些年做的，就是將感情融入泥土。

這時老畫家高興地拍著「傻」孩子的肩膀說：「你會成為了不起的人才！」這個「傻」孩子就是大名鼎鼎的唐伯虎。

畫得多的孩子，結果卻沒有學到畫荷的訣竅。我們不得不說老畫家和唐伯虎都是擅長抓住問題核心，並且圍繞中心進行規畫的人，前者看到了唐寅的才能，不動聲色地予以施教；後者看透了畫荷花的要點，默默地長期練習，終於達成了目標。

第二，看清問題的本質，光有一雙慧眼還不夠，還要有獨特的思維能力，不要盲從，不要趕潮流。

據傳在法國的一個偏僻小鎮有個特別靈驗的神泉，人們喝了其中的水能夠醫治各種疑難雜症，因此前來求水醫病的人絡繹不絕，遠及外國。

有一天，有位拄著拐杖，只剩一條腿的退伍軍人，從遙遠的地方趕到了小鎮。望著他的樣子，路邊的居民不免同情地議論：「唉，真是個可憐的人，難道他要神泉幫他再生出一條腿嗎？」退伍軍人聽到了，轉過身來平靜地說：「你們錯了，我不是祈求一條新腿，而是祈求神泉能夠幫助我，告訴我少了一條腿後，該如何過日子。」

軍人看透了人生面臨的問題本質，因此突破眾人的思維模式，提出果斷而準確的祈求。如果他祈求上帝給他一條新腿，恐怕努力再多也是一場空。所以從這位軍人身上可以學習的，應該是一種獨立的思維方式，這是發現問題解決問題的關鍵。

第三，發現問題的本質是為了更快地解決問題，這時需要圍繞本質的核心進行規畫。

人的一生需要規畫，職業需要規畫，具體到某一件事情、每一天都要進行規畫。沒有規畫，做事就沒有章程，茫無頭緒，毫無結果。

著名銷售大師喬·吉拉迪是善於規畫的人，他每天臨睡前都要計算一下當天的收穫，再透過冥想，反思一天做過的事情。另外，他還要把明天徹底規畫好，用他自己的話說：「離開家門時，如果不知道所去的方向，我是不會出門的。」

規畫讓人明白自己的方向，瞭解事情的解決步驟，是做好事情的第一步。會不會做事，就在於會不會規畫。提高規畫的能力，可以提高做事效率，避開危機，讓人生和事業更順暢。

首先，做事之前應該先思考，想一想這件事應該如何進行，如何一步步地順利完成。

其次，從自身做事的方式入手，制訂詳細的解決步驟。可以從小事情做起，然後逐步提升難度，鍛鍊自己的規畫能力。

最後，將規畫變成一種習慣，以最擅長的方式去工作，充分發揮自我能量。

你要記得：

1. 多觀察，發現問題。
2. 多思索，看清問題本質。
3. 善於規畫，圍繞中心層層推進，並不斷提升自我規畫能力。

4 壓制不如引導，變則通，通則久

有人說：「做官要學曾國藩，經商要學胡雪岩」。曾國藩和胡雪岩是晚清著名人物，幾乎左右時局，成就顯赫，他們一人在官場呼風喚雨，威震朝廷；一人在商場長袖善舞，被譽為「紅頂商人」。

然而，這兩位重量級人物，他們的人生卻具有相同的色彩：圓通。

曾國藩在成功的路上好幾次遭遇沉重的打擊，有一次甚至被人打掉牙齒。在這樣的困境下，他留給後人一句寶貴的名言：「打掉牙和血吞」。

每個人都會遇到困境和壓力，有些人在壓力面前喊苦叫屈，抱怨連連，可是他們喊破喉嚨也無能為力，最後被壓垮，失敗了；有些人遇到困境和壓力時卻能化險為夷，將困難轉化為動力，讓事情順利進行下去。

《易經》有句名言：「窮則變，變則通，通則久」，為人處事，變通的作用十分重要。在困難面前，一個人要做的不是打壓、壓制，而是如何變化、引導，讓事情更加暢快地完成。

有一次，老禪師帶領一個弟子出遊，中午時分，烈日當空，酷暑難耐，兩人走了一會兒，汗流浹背，口乾舌燥，很快就上氣不接下氣，走不動了。

老禪師對弟子說：「剛才我們渡過一條小溪，溪水清澈甘甜，你還記得嗎？你現在就回去取些水來，我們喝了再趕路。」

弟子接過師父的缽盂，匆匆忙忙去取水了。

可是他回來後，缽盂裡空空如也，一滴水也沒有。

老禪師不解地問：「怎麼回事？」

弟子一臉苦惱地回答：「真令人生氣，有一群販賣布匹的商人在那裡歇息，他們也不管自己的馬，任憑馬兒在溪邊亂跑，把整條溪水都弄髒了，根本不能喝。我看我們繼續走吧，再走兩個時辰，前面還有一條小溪。」

老禪師皺起眉頭，隨後平靜地說：「你見過不吃身邊的青草，反而翻山越嶺去吃山對面沙子的牛羊嗎？我們現在的處境艱難，渴得支撐不住了，身邊就有水可取，為什麼還要再走兩個時辰找水喝？你還是回去吧，去溪邊取些水來。」

弟子很不高興，心想：「我回去有什麼用？那些髒水也能喝嗎？」可是他不敢違抗師命，就捧著缽盂轉回溪邊。

當弟子來到溪邊時，不由大吃一驚，才一會兒的工夫，商人和馬匹都不見了，再看溪水，已經恢復了清澈和平靜，就像從來沒有被攪渾過一樣。

沒有永遠混濁的河水，沒有永遠不變的事物。老禪師善於引導學生做事情，具體表現出變通的原理。

許多人非常固執，看問題總是一成不變，頭腦僵化，不肯改變。他們不管做什麼事，只會按照既定的方式去進行，懶得做調整和變化，一旦遇到不順，或者出現新狀況，就束手無策，白費力氣。

變化是事物發展的規律，因此我們做事情，在設定目標和方向後，一定要隨著事物發展不斷做調整，才能保證事情順利進行下去。

花園裡有朵玫瑰花已經枯萎了，可是一隻蜜蜂仍然停在上面，拼命地吸吮。從前，牠從這朵花上吸吮到甜蜜的蜜汁，可是現在這朵花的蜜汁沒了，只剩毒汁。蜜蜂吸吮了一口，立刻感覺口味不對，因為毒汁苦澀，與蜜汁有著天壤之別。蜜蜂十分生氣，牠抬頭向整個世界抱怨：為什麼，為什麼味道變了？

抱怨無法改變事實，蜜蜂沒有辦法，最後只好展翅高飛，這時牠忽然發現在枯萎的玫瑰花四周，到處盛開著鮮花。

蜜蜂拼命地採蜜，只能吸吮到毒汁，當牠做出細微的改變，飛得高一點時，世界完全不一樣。這正是改變的結果。

只有尋求變化才能突破現狀，誰都希望事情做得又快又好，既省力又省錢，可是任何事情都需要一定的過程，在這個過程中，如何減少壓力，實現自己的目標呢？

第一，不被慣性束縛。

我們生活在慣性的軌道上，大多數人無法真正左右自己的命運和事情的進展，因此從心理上拒絕改變。我建議大家應該不斷地以新鮮事物刺激個人的大腦，久而久之，你會變得充滿活力和勇氣。這時不管做什麼事，遇到什麼困難，你都不會感到沮喪，更不會產生放棄的念頭。

第二，適應環境和形勢，圓通處世。

所謂的圓通，就是聰明地做事，聰明地做人。

某一次，阿華因為與主管意見相左，兩人發生了激烈爭吵。事後，阿華依舊像從前一樣工作，主管也沒再提起這件事，一切似乎已經過去了。可是阿華漸漸發現，公司加薪或者升遷，從來沒有他的份。阿華有些耐不住了，他想：「是不是主管在暗中刁難自己？」有了這樣的想法，阿華決定離開公司，另謀高就。

當他遞出辭呈時，主管平靜地接納了。

阿華離開主管辦公室的瞬間，還是忍不住回頭問了一句：「是不是因為那次爭吵，讓我與升遷無緣？」主管先是搖搖頭，然後點著頭說：「既然你要離開了，我送你一句話：沒有哪位上司願意被下屬頂撞。」

一次意外的頂撞，毀掉一段前程，我們是要譴責主管小題大做，還是應該要好好反省自己做事的方式和方法？如果你依然揪著主管不放，那麼你做事一定會困難重重，成功率非常低。理由很簡單，當你滿懷衝動去做事時，一定會換來一個教訓，而不是好的結果。因此當你遇到這樣的情景時，應該忍一忍，舒緩自己的情緒，這比起爭吵更有用。

第三，變化中不忘基本原則。

我們生活在一定的環境下，擁有一些固定的東西，比如相貌、身材、家庭，還有做人做事的原則、目標，這其中有些東西是不能變的，也改變不了。所以說，你改變不了環境，可以改變自己；改變不了事實，可以改變態度；改變不了過去，可以改變現在；改變不了天氣，可以改變心情；改變不了別人，可以把握自我。

總之，做事情應該善於在逆境中發現機會，在順境中不忘變化，這樣事情才會做得好。

你要記得：

1. 壓制不如引導，學會引導，更容易度過難關。
2. 變化是事物發展的規律，因此我們做事情，在設定目標和方向後，一定要隨著事物發展不斷做調整，才能保證事情順利進行下去。
3. 不被慣性束縛，適應環境和形勢，圓通處世。

5 對於任何一件事情，不能同時設置兩個不同的目標

做對事情，設定人生的方向，有一條原則必須遵循：對於任何一件事，不能同時設置兩個不同的目標。這條原則看似簡單，有人不屑地說：「誰這麼蠢啊？會設置兩個不同目標？」然而，現實生活中有數不清的人卻在犯這樣的錯誤，我們同時選擇了兩種不同的價值觀，導致行為混亂；我們同時選擇了兩種不同的管理方法，讓公司無法正常營運；我們同時愛上兩個人，讓情感生活陷入痛苦。

為什麼會出現這樣的狀況？為什麼不能確定自己的目標？這多半是來自於內心的恐懼和欲望。我們希望擁有更多，害怕失敗，於是採取了不同的目標，不同的手段，渴望有一天兩個目標能夠同時實現，魚與熊掌兼得，或者實現其中之一，也有所收穫。

殊不知，兩個目標讓人無所適從，讓事情陷入左右不定的狀態。好比一輛汽車，你讓它同時到達兩個地點，結果如何？汽車一會兒往東一會兒向西，在指定時間內哪裡也去不了。

一群猴子生活在森林裡，牠們日出捕獵，日落回到窩裡休息，過著平淡而幸福的日子。

某一天，有個遊客在穿越森林時，不小心把手錶掉在岩石上。

有隻聰明的猴子撿到手錶，而且很快明白了手錶的作用。由於牠能夠準確地知道時間，因此成為猴群的明星，不管是誰，都習慣向牠請教確切的時間。特別是遇到陰雨天，無法透過太陽判斷時辰時，整個猴群的作息時間都由這隻聰明的猴子來決定。憑藉著獨一無二的優勢，聰明的猴子樹立起威望，當上了猴王。

猴王上任後，回想自己成功的訣竅，認為是手錶帶來了機遇和好運，因此牠決定花費更多時間尋找更多手錶。過沒多久，猴王又撿到一支手錶，有了兩支手錶，猴王的地位是不是更穩固了呢？

令猴王煩惱的是，自從有了第二支手錶，牠就被麻煩糾纏上了，因為兩支手錶顯示的時間不一樣，牠無法判斷哪支手錶的時間更準確。結果當猴子們來詢問確切的時間時，猴王支支吾吾，難以回答。漸漸地，猴子們注意到了猴王的變化，表示不滿，紛紛攻擊猴王。最後猴王失去了王位，猴群的作息時間陷入一片混亂之中。

這個故事是「手錶定律」的真實再現。

著名的「手錶定律」告訴我們：一個人只有一支手錶時，他可以知道現在是幾點，可是當他擁有兩支時，就無法確定時間。兩支手錶不能告訴人們更準確的時間，還會讓手錶的主人失去信心，從而無法判斷時間的準確性。

當一個人失去判斷的信心時，做事情的準確率自然會大大下降。

美國線上是一家年輕的網際網路服務公司，但是具有明確的企業文化，就是強調操作靈活、迅速決策。總之，他們的做事風格就是一個字——快，一切以快速搶占市場為目標。

時代華納是一家著名的企業，他們的企業文化與美國線上不同，他們強調企業的長遠發展，注重建立誠信服務和創新精神。

結果，由於種種原因這兩家公司進行了合併。合併後的公司該走哪一種企業文化路線，公司管理階層沒有解決好這個問題，任由兩種文化並存發展，導致員工們無法理解企業發展的方向，最後兩家公司的「聯姻」只好宣布失敗。

為了擺脫兩個目標的困擾，從一開始就要學會選擇目標，只選擇自己認為準確的目標，然後把它奉為圭臬，聽從它的指引做事。

第一步，就是選擇明確的目標，這個目標是唯一的，也是明確的。

目標必須具體，而且量化，比如需要多少錢，幾萬塊？還是幾十萬？目標要具有挑戰性，是現在沒有獲得，將來有可能實現的。另外，目標一定要結合環境，與長期規畫保持一致；短期目標與長期目標應該結合起來，以及要為目標設定時間限制。

第二步，找出實現目標的方法和計畫。

當你確定了目標，認識到自我的優勢之後，就要想辦法去實現，可以從書本中學習方法，也可以向成功人士學習，還可以請教專家。在此一過程中，應該排出具體的時間表，每週每天都要做什麼，達到什麼程度。

第三步，對目標和實現情況進行評估和檢討。

如果沒有達到預定程度，就要問問自己：「問題在哪裡？如何改進？下一步怎麼辦？」讓評估成為一種習慣和一種制度，制訂專門表格，在每日、每週、每月結束時，總結填寫，如此反覆進行，最後達成目標。

你要記得：

1. 不管什麼情況下，都不要試圖設置兩個不同的目標。
2. 選擇一個自己認為準確的目標，這個目標是唯一的，也是明確的。
3. 目標要具體、量化，具有挑戰性，還要有時間限制，與長期規畫相一致。

6 節點不是結點，居安應思危

在我們人生旅途中，會出現無數個「節點」，就好像公車路線中的月臺，一個又一個。節點不是公車的終點站，也不是我們人生的歸宿。當遇到一個個節點時，有人上車，有人下車，還有人穩坐不動。

處理問題，也會遇到節點，比如達到某個短期目標，一周銷售額破百萬，這時自然十分高興。在這個節點上，我們該穩坐不動還是繼續前進？節點畢竟不是結點，不是最終目標，如果滿足於取得的成就，不肯繼續努力，那麼事情不僅無法做好，還會半途而廢，永遠不能到達人生和事業的頂點。

在古代荊州，有位官員在任時，當地山上有隻老虎經常吃人和家畜，百姓深受其苦，聯名請求官員為民除害。

官員下了一道驅逐老虎的命令，讓手下把這道命令刻在山頂的岩石上。事有湊巧，老虎這時離開了當地山林，於是官員洋洋自得，認為是一紙命令嚇退了老虎。

後來，這名官員調離荊州，到另一個地方做父母官。這個地方的老百姓個性剛強，行為野蠻，不好治理。官員沒有辦法管理好地方事務，就想起了刻石退虎的事，心想：「那麼厲害的老虎都害怕石頭上的命令，我就不信這裡的老百姓會不怕？」於是，他讓人返回荊州，描摹下岩石上的命令，掛到當地街頭。

可是，當地識文斷字的老百姓根本不把石刻當一回事，結果這個地方依舊沒有治理好，官員因此丟了官。

止步於節點，容易讓人驕傲自滿，不去深入調查和研究事情的真相，結果自以為是，做出錯誤的決定和安排，這樣當然無法真正地解決問題，把事情做對做好。

很多人都聽說過「青蛙效應」，指的是把青蛙扔進沸水中，牠會奮力跳出求生；而把牠放進溫水裡，慢慢加溫，青蛙則渾然不覺，最終被活活燙死。這個效應提醒我們，要想做對事情，就不能滿足於節點，而要居安思危，不斷提升自己做事的能力。當今社會競爭激烈，不管從事哪行哪業，隨時都有淘汰的危險，就算你是老闆或是上司，也會不斷受到經濟危機、政治危機的衝擊，面臨關門大吉、下野的打擊。

居安思危，首先需要認清形勢，瞭解自身所處的環境，誰也離不開環境獨立存在，適應環境，學會在大背景下生活，才能穩中求進。

小豬、綿羊和乳牛被關到了一個畜欄裡。

這天早晨，主人捉住了小豬。小豬拼命喊叫，用盡力氣反抗。

綿羊和乳牛實在聽不下去了，就對牠說：「你為什麼叫得這麼凶？難道你沒看見嗎？主人經常來抓我們，可是我們也沒有像你一樣大呼小叫。」

小豬聽了，痛苦地說：「我當然知道，可是你們不明白，主人抓我和抓你們的情況不同。他捉你們是為了擠牛奶和剪羊毛，但捉我是為了要我的命啊！」

不同的處境下，動物們做了不同的反應，強烈的危機感產生了作用。當面臨死亡時，掙扎是最強烈的。所以看清環境，瞭解自己的危機，是十分必要的

居安思危，其次應該分析自我，瞭解個人發展前景。

由於科技發展，人才倍增，如今個人的職業生涯規畫越來越具體，目標性和責任性的要求也越來越高。很多人擁有很強的能力，可是一旦遇到挫折，馬上就無法振作起來，他們認為現在工作難找，機會難得，因此做一天和尚撞一天鐘，得過且過。其實，每個時代都存在

機會，只不過那是留給勤奮勇於進取的人。在這裡我要提醒你，如果不思進取，貪圖安逸，總有一天你會被淘汰出局。

居安思危，應該站得高看得遠。

眼光決定出路和未來，如果站在平地上，永遠也領略不到山頂的風景。有些企業在發展中，經不住利益誘惑，在取得一點成績後就沾沾自喜，盲目不前。由於缺乏危機意識，它們的生存是不可能長久的。

居安思危，還要不斷充實自我。

這一點對職場人士特別有意義。社會所提供的職位有限，就業人數卻在不斷攀升，不管你是否已經工作，都要隨時面臨競爭的挑戰，所以隨時有危機感，發展自我，才能立於不敗之地。比如公司裁員時，內勤人員、文書人員往往成為被裁的首選，因為他們不能像業務人員一樣，可以快速地帶回效益。對他們而言，多學習業務知識，為自己充電，不失為居安思危的明智之舉。

師傅退休時，叮囑自己的徒弟：「一定要少說話多做事，有了經得起考驗的本領，就有了吃飯的本錢。」

徒弟遵照師傅的叮囑，兢兢業業地工作了十年，也成了師傅。可是他很不滿，雖然他有了一身好本領，為公司做了很多事，但是一直拿著過去的薪水。而那些技術不如他，資歷淺的人反而都升職加薪。他很鬱悶，就去向師傅訴苦。

師傅聽了他的話，就問他：「你確信自己的技術已經無人替代了嗎？」

「當然。」徒弟堅定地回答。

「那好吧！」師傅對徒弟說，「你可以找個理由請一天假。一盞燈總是亮著，別人就注意不到他了，如果熄滅一次，人們才會想起他的重要性……」

師傅的話沒有說完，徒弟就如獲至寶，急急忙忙告辭而去，然後立刻行動。

果然，在徒弟請假後的第二天，上司就找到了他，提拔他做了總技師，並給他加薪。

因為他不在的那天，上司發現很多工作離不開他。

徒弟如願以償後，暗暗佩服師傅的高明，並且把這一招牢牢記在心裡。

此後，一旦他覺得自己不被重視了，或者希望得到提拔，就採取這個方法：請假。每次請假後，上司都會滿足他的願望。

就這樣，徒弟一而再地請假，已不知請多少次了。這次他又故伎重演，然而當他第二天來到公司門口時，被警衛攔在外面。徒弟覺得奇怪，他找到了上司，上司告訴他：「你以後不用來上班了。」

被辭退了的徒弟異常苦惱，他找到了師傅訴說委屈：「為什麼？我都是按照你說的做啊！」

師傅歎口氣說：「唉，你是聽了我的話，可是你只明白了半截道理。你知道嗎？一盞燈總亮著，人們會忽略它，可是一盞燈總是熄滅，註定要被其他燈取代啊！你想想，誰需要一盞不時熄滅的燈？」

你要記得：

1. 節點畢竟不是結點，不是最終目標，如果滿足於取得的成就，不肯繼續努力，那麼事情不僅無法做好，還會半途而廢，永遠不能到達人生和事業的頂點。
2. 居安思危，首先需要認清形勢，清楚自身所處的環境，誰也離不開環境獨立存在，適應環境，學會在大環境下生活，才能穩中求進。
3. 居安思危，應該站得高看得遠，還要不斷充實自我。

二立乾坤：

抓住重要的少數，放棄瑣碎的多數

1 黃金分割：人生所需的八〇%，來自所做的二〇%

我們常常聽到這樣的抱怨：「我比他做得多，付出的也多，可是為什麼他過得反而比我好？真是不公平啊！」是上帝不公平還是你個人出了問題？本章我們將會為你做詳細分析，幫你找到如何正確做事，少付出多回報的關鍵方法。

義大利著名的經濟學家菲爾費雷多·巴萊多提出了一則應用廣泛的原理，該原理的意思是，在任何特定群體中，重要的因數通常只占少數，約二〇%，而不重要的因數則占多數，約八〇%，因此叫做二八定律。

根據二八定律，只要控制重要的少數，就能控制全局。

生活中二八定律普遍存在，比如八〇%的銷售額來自二〇%的顧客；八〇%的財富掌握在二〇%的人手中；八〇%的看電視時間花在二〇%的節目上；八〇%的飲食重複二〇%的食譜……這一系列現象如同黃金分割一樣常見！

所以我們看到企業為了管理，往往會抓住二〇%的主體，再讓這些人去帶動八〇%的多數；企業為了融資，往往把有限的資金投入到重點專案上，提高資金使用率；企業為了提高銷量，會抓住二〇%的重點客戶與產品……二八定律顯示的規律不容忽視，由此出發我們不難得到這樣的結論：抓住重要的少數，放棄瑣碎的多數，可以事半功倍；如果將這個原則放大到一生，那麼一個人所需的八〇%，則來自他曾經做過的二〇%。

一個人的精力有限，時間有限，所以最有效的方式就是把有限的精力和時間投入到重要的二〇%中。事實表明，能夠做到這一點的人，他們收穫豐厚，人生成功；相反地，那些把大量精力投入到八〇%中的人，他們只能獲得二〇%，甚至更少的成效。

一個表演大師在上臺表演前，他的弟子跑來告訴他，他的鞋帶鬆了。

大師向弟子點頭致謝，蹲下來把鞋帶繫好。

當弟子轉身離開後，他又蹲下來再把鞋帶鬆開。

旁人不解，上前詢問他為什麼這樣做。

大師微笑著解釋說：「我要飾演的是一個經過長途跋涉的旅客，要透過鞋帶鬆開來表現他的勞累和憔悴。」

這個人接著問：「那你為什麼不告訴你的弟子呢？」

「他能發現我的鞋帶鬆了，並且熱心地跑來告訴我，我怎麼能打擊他的這種積極性呢？我要給他鼓勵，而不是使他挫敗。至於表演，以後有的是機會可以教導他，為什麼要急於一時呢？」

很多人只知道不停地去忙碌，卻抓不住問題的重點，圍繞著無關緊要的環節亂忙，結果既不能解決問題，反而讓事情變得糟糕。

提起村上春樹，大多數人都不陌生，他是日本著名作家，可是你知道嗎？村上春樹以寫作為生之前，曾經開過多年爵士酒吧，當過企業老闆，而且還有很深刻的經營體會。

在經營酒吧期間，村上春樹注意到，不管自己如何努力，前來酒吧的顧客，每十人中只有一到兩人真正喜歡自己的酒吧，他們會再次光顧。一開始，他想盡辦法拉攏顧客，希望增加顧客回店次數，可是很難實現。當他改變了經營風格，吸引那些不肯回頭的顧客時，新問題出現了，原先肯回頭的顧客拒絕改變，不再前來。

為什麼顧客回店率始終不能提高呢？就在村上春樹百思不得其解之際，他又發現一個現象，儘管十人中只有一到兩人願意再次光顧自己的酒吧，可是生意依然會比較順利。

經過多次試驗，村上春樹得到經驗：做生意，就要學會創造狂熱的少數。

村上春樹的發現恰好實踐了二八定律。想辦法培養忠誠的二〇%，是精明商人通用的手段。當然，培養忠誠的二〇%，需要設定計畫，比如實行會員制，與老顧客建立牢固的感情等等。

與經商相同，人們做其他任何事情時，也要根據二八定律進行黃金分割，從複雜的問題中找出重要的二〇%，投入八〇%的精力，去完成去實踐。

找到重要的二〇%，需要像相親一樣投入感情和誠意。二〇%關乎未來和事業成敗，必須用心相待，比如尋找重要的客戶，首先需要對所有客戶進行調查，然後分類，透過銷量多少確定哪些是重要客戶。

找到重要的二〇%，還需要快刀斬亂麻，善於從混亂中抓住主題。

為什麼八〇%都是次要的？因為它們對事情的發展無法發揮決定性作用，卻會干擾我們的正常思維，阻礙事情順利進展。

北宋末年，皇帝徽宗最喜歡琴棋書畫，有一天他心血來潮，決定舉行一次全國性棋王大賽，選拔最會下棋的高手陪自己下棋。

這個消息傳出，立即引起轟動，街頭巷尾，人們都在議論棋王爭霸賽的事。

行空寺住持元修是當時圍棋界頂尖高手，此時也動了凡心，他想：「我苦學圍棋三十多年，棋藝精湛，不能錯過這個千載難逢的好機會。」

元修對當時全國圍棋界的情況比較熟悉，他知道全國棋藝高超的人非常多，其中有一位叫陳敬之的，據說從來沒有輸過棋。在他眼裡，這位陳敬之絕對是自己通往冠軍路上的攔路虎。

為了取勝，元修命小和尚們四處尋找陳敬之的棋譜，然後潛心研究，尋找破解之道。

皇天不負苦心人，元修經過鑽研，發現了陳敬之的棋風特色，那就是出手嚴謹，每次落子之前必須深思熟慮，而且棋風凌厲，能夠捕捉到對手任何細小的失誤。

從陳敬之的棋譜中，元修意識到他與自己的棋藝不相上下，想要保證勝利，必須還要進一步尋找對方破綻。

這天，元修拿著陳敬之的棋譜再次研究，忽然有了重大發現，原來陳敬之每次下棋，開始時總會落後對方，然後透過捕捉對方的失誤反敗為勝。也就是說，陳敬之不注重開局時的布局，而是擅長中局決鬥。元修非常高興，他想：「如果我在布局方面下足功夫，牢牢掌控局面，不給陳敬之機會，勝算肯定大增。」

比賽開始了，元修一路過關斬將，殺進了決賽。出乎他所料的是，陳敬之沒有進入決賽，最後與元修爭奪「棋王」的是一位二十多歲的年輕人，名叫陳琰。元修與他過招後，發現這位年輕人不簡單，尤其擅長布局，在這方面絲毫不讓自己占便宜，反而漸漸處於優勢。

到了中局，陳琰殺招頻頻，滴水不漏。元修有些支持不住了，他眼前不斷出現陳敬之的棋譜，怪了，這個年輕人的棋風與陳敬之類似，卻比陳敬之還要犀利。

最後，元修無力抵擋，只好認輸。

賽後，元修問陳琰：「貧僧輸了，但是貧僧有個疑問，還請不吝賜教。」

陳琰拱手說：「大師，不必客氣。」

元修問：「請問你和陳敬之是什麼關係？」

陳琰回答：「正是家父。」

原來，他是陳敬之的兒子。

陳敬之在皇帝下詔後，想到自己的棋譜已經傳遍天下，很多人都會下功夫鑽研，尋找其中破綻。因此，他決定專心培養自己的小兒子陳琰，讓陳琰的四個哥哥天天與陳琰下棋，將他們兄弟的優勢集中到陳琰一人身上。然後，陳敬之每天跟陳琰下棋，並講解自己的弱點，分解破解招數，結果陳琰終於戰勝了父親。

元修明白了，感歎道：「陳敬之不僅棋藝高超，為人也聰明過人啊！」

沸沸揚揚的棋王爭霸賽，可謂熱鬧激烈，如何從中取勝，獲取「棋王」稱號，牽動著每位選手的心。在這種紛亂的局面面前，陳敬之不為名爭，果斷地犧牲自己和四個兒子的機會，將所有優勢集中到小兒子一人身上，最後讓小兒子戰勝了元修，保住了家族和自己的榮耀。這種在紛亂當中理智取捨，正是二八定律的表現。

所以，事情越複雜，越沒有頭緒，就越該快速地抽出刀，像亞歷山大大帝一樣，一刀斬斷戈爾迪繩結。

俗話說打蛇打七寸，在出手時不要被次要的矛盾牽扯，只要抓住主要矛盾，還有什麼問題不能迎刃而解呢？

你要記得：

1. 任何一件事情，重要的只占二〇％，次要的卻占到八〇％。
2. 抓住二〇％，需要像相親一樣去努力。
3. 快刀斬亂麻，在混亂中抓住主題。

2 合理分配時間，每天多出一小時

時間是最公平的，每天二十四小時，誰也不會多出一分鐘，誰也不會少一秒鐘。可是我們看到，有人在這段時間內輕鬆地做完該做的事，一切順順利利；有些人卻從早到晚手忙腳亂，做了很多，結果卻一團糟，什麼也沒有做好。

當我們討論如何合理分配時間時，不得不說：時間既公平也吝嗇。如果不能有效地安排時間，那麼它就是流水，悄無聲息地從你的指縫流走，不留一絲痕跡。因此拿破崙·希爾說：「好好善用時間是非常重要的，不能好好地規畫一下一天的時間，它們就會白白浪費掉，我們就會一事無成。」

善於利用時間，幾乎是所有成功人士的特長，麻省理工學院做過一項調查，發現凡是優秀的經理都能做到精於安排時間，讓時間的浪費降低到最低限度。

那麼，我們該如何最大限度地善用時間呢？

第一，應該善於集中時間，不是平均分配時間。

時間是有限的，只有把有限的時間投入到最重要的事情上，拒絕次要的、不必要的事，才有可能發揮最大作用。所以建議大家在遇到一件事時，不妨先問問自己：「這件事必要嗎？」如果沒有必要，當然不值得浪費時間。

課堂上，教授將一個裝水的空瓶子放在桌子上，然後從講臺下面翻出一些鵝卵石放進去。當他放完這些不大不小的石頭後，看著學生們問：「你們說，這個瓶子是不是滿的？」

「是，」學生們異口同聲，做出了響亮的回答。

「真的嗎？」教授微微笑了笑，又彎下腰從講臺下面拿出一袋碎石子，然後對準瓶口倒下去。他一邊倒一邊輕輕搖動瓶子，盡量多放進去一些。然後他又問學生們：「這次瓶子是不是滿了？」

學生們的回答有些遲疑，其中還有一位學生怯生生地說：「也許沒有滿。」

「好」，教授像變魔術似的，又從講臺下面拿出一袋沙子。他搖晃著沙子往瓶子裡倒，竟然把一袋沙子全部加進去了。這時他又問學生們：「現在你們告訴我，這個瓶子是滿的，還是沒滿？」

「沒滿。」學生們學乖了，他們不知道教授還會變出什麼花招。

「很好」，教授非常肯定地鼓勵自己的學生們，然後他又從講臺底下拿出一樣東西——一大瓶水。教授將水慢慢地倒進裝著鵝卵石、碎石子、沙子的瓶子，直到無法再往裡面添加一滴了才停下來。教授環視目不轉睛盯著自己的學生們，正色問道：「你們說，這個實驗告訴我們什麼樣的道理？」

一陣沉默後，有位聰明的學生站了起來：「我想，從這個實驗中我們應該明白，不管我們的工作多麼忙碌，只要擠一擠，還是可以擠出時間多做些事。」他認為自己說的不錯，因為這節課就是講時間管理。

教授微微點點頭說：「說得不錯，但並不是我想告訴你們的最重要資訊。」

學生們聽到這裡，都瞪大了眼睛，他們想不到還有什麼更深奧的意義。教授繼續說：「我想說，如果我們不先放進去鵝卵石，以後也許就永遠沒有機會放它們了。」

時間是可以「擠」出來的，但關鍵是先放進「大」的，再放進去「細碎」的，這個故事的意義是說明把時間進行合理分配的重要性和關鍵性。

第二，要善於處理時間。

一般來說，每個人都有兩類時間：一類是屬於自己支配的，叫自由時間，另一類是不能由自己支配的，叫應對時間。兩類時間客觀存在，應該處理好它們之間的關係。

第三，管理時間的關鍵在於制訂完整、合理的工作計畫。

真正會分配時間的人，他們不會把大量時間花費在忙亂的工作中，而是用來擬定計畫。規畫好今年該做什麼？本周該做什麼？今天又該做什麼？事情的先後順序如何？所用的時間多少等等？計畫會花費時間，但可以節省下大量的工作時間。

社會發展到今天，時間不夠用的現象更為普遍，許多人都在抱怨：「太忙了，根本沒有時間！」他們恨不能每天是二十五小時。真的如此嗎？難道沒有辦法讓時間「延長」嗎？對於這個問題，培根早就做了回答：「合理安排時間，就等於節約時間。」節約了時間，就等於延長了時間。

在我們日常工作中存在著許多浪費時間的陷阱，如果能夠發現並拒絕它們，自然會節省出一些時間。比如懶惰，做事拖拖拉拉，再比如會議、電話；還有粗心大意等。這裡我們推薦幾點充分利用時間的辦法，希望對大家有所幫助。

★學會在大段時間內工作，防止被零碎事物干擾。可以設定一個工作時段為四到六小時，在這段時間內，你不必重新集中精力，會越做越來勁，短時間內完成的工作量就會較多。

★工作環境設定時，盡量避免干擾。獨立而封閉的環境，有助於集中精力，避免他人不必要的打擾。如果你不希望路過門前的人都與你打招呼，最好的辦法就是不讓他們看見你，否則，哪怕是簡單地點頭都會花費時間。而且一旦處理不好，還會陷入人際關係危機。

★設定專門接電話的時間。自從有了電話，花費在通話上的時間就不斷增長，時至今日，只要你願意，一天到晚都可能有人打電話給你。實際上，多數通話意義不大，純粹是一種閒聊。即便是業務電話，也有很多內容可以省略。所以設定一段專門時間通話，解決完當天的問題，這會為你節省不止一小時的時間。

★學會早起工作。要做到這一點似乎很難，現代人崇尚夜生活，每天都會很晚才睡，早起顯然十分痛苦。但是事實非常殘酷，早起工作頭腦更清晰，工作進展更順利。早晨是個安寧的時刻，沒有干擾，是反省、計畫的最佳時刻。

有位記者準備採訪著名的參議員赫爾曼．塔爾梅奇先生，參議員的秘書說：「你五點以後可以打電話給他。」記者問：「是上午五點還是下午五點？」秘書說：「早上。參議員先生每天很早開始工作」。

記者半信半疑，隔天早上七點打電話過去，對方真是參議員本人，而且他的聲音聽起來令人感到神清氣爽。

★節省會議時間，確定會議是否必要。如果開會的目的只是為了溝通資訊，完全可以簡化。電腦科技的發展，為節省會議時間提供了極大的便利。只要在會議前將與會者的意見輸入電腦，便可在會議現場得到來自不同層次的意見。

如果會議必須進行，那麼就要做到兩點：一是準時開會；二是會議完畢立即結束。不要因為等待遲到的人，浪費準時到會者的時間；會議結束後，讓想留下來的人繼續討論，其他人則馬上離開，去做下一項工作。

「得到時間，就是得到一切」。在合理利用時間時，還有一條資訊值得參考：學會偷懶。

亨利．福特是世界知名的汽車製造商，他小時候因為偷懶，設計了一種不必下車就可以關車門的裝置。當他成為老闆後，為了簡化工作，還常常進行創新發明，為了減少工人取零件的時間，他創造了輸送帶；輸送帶後來成為汽車製造業的標準配備。後來，他看到工人彎腰靠在裝配線上會增加疲勞，還容易發生意外，就把裝配線提高了八英寸。這個簡單又偷懶的調整，大幅提高了生產力。

你要記得：

1. 不要平均分配時間，而要學會集中時間，將八〇%的時間用在二〇%的重要事情上。
2. 管理時間，一定要制訂工作計畫。
3. 找出隱藏的時間，每天增加一小時。

3 末位淘汰法，讓精力更集中

每個人都想抓住重要的少數，希望投入有限的時間，問題就可以迎刃而解。在這個理論背後，我們又該如何處理次要的多數，怎麼樣讓它們不去分散精力，讓人可以更集中地做事情呢？

企業管理中有一種「末位淘汰」法，指的是工作中根據總體目標和具體目標，結合各個職位的實際情況，制訂一定的考核指標，然後用這個指標考核員工，達不到要求的或者排名靠後的員工就淘汰出局。

這裡我們不去追究末位淘汰做為一項企業管理制度的優劣，我們暫時借用它一下，看看是否可以利用這種方法，排除雜念，讓精力更集中。

在講解之前，請大家先來思考以下幾個問題——

★你是否每天都被無數個事情糾纏，感到精疲力竭？

★你是否認為時間管理可以幫你解決一切難題？

★你是否覺得生活的要求在不斷提高，可是自身的承受力卻不斷地下降？你為找不到出路而痛苦不堪？

★對你來說，生活和事業是馬拉松運動，還是不停地衝刺再衝刺？

★你覺得生活有轉變的可能嗎？或者說每次轉變都需要什麼力量？是靠毅力還是運氣？

生活在數位化時代，很多人每天拿著周密的計畫書，穿梭在辦公室、機場、會議室之間，不停地接見客戶，洽談業務，可謂馬不停蹄，日理萬機。在這個過程中，電腦、手機不斷地彈出資訊：十點鐘為女友訂生日蛋糕；十一點五分接待客戶；十二點陪某某吃飯……一個人可以應付多種任務，因此我們為精確的時間安排感到自豪，將時間安排得滿滿的。

可是這樣的時間安排真的能夠幫你精力充沛地做好每件事嗎？當你按照每天工作十二小時的時間表不停地奔波時，是否遇到這樣的情景：中午時分你感到煩躁、容易發脾氣；晚上還沒有下班，你已經累得不想走路；回到家裡，很想與孩子們親近卻總是提不起精神。

上述現象無情地提醒我們：人的精力是有限的，哪怕時間安排得再精確，一旦精力跟不上，效率也不會提高。精力是我們最寶貴的資源，做事情不僅要合理安排時間，還要懂得合理分配自己的精力。

管理精力，最好遵循下面的原則：

第一，全方位投入，即全神貫注去做事。

不管做什麼事，體力、感情和精神必須協調一致，才可能將事情做好。當一個人注意力不集中時，投入再多的力氣，也很難圓滿完成一件任務。而如果能夠同等地投入體力、情感、想法和精神，往往能夠非常順利地解決難題，實現突破。

有一次，奧地利作家史帝芬·茨威格接受法國大雕塑家羅丹邀請，到他家裡做客。羅丹熱情地帶著朋友參觀自己的工作室，並請他欣賞一座剛剛完成的雕塑。這是一座莊重大方的女人像，茨威格忍不住拍手稱讚：「太美了！祝賀你，又一件傑作誕生了！」

羅丹好像沒有聽到朋友的話，仔細端詳著雕塑，一會兒皺皺眉頭，一會兒略有所思，嘴裡還說著：「不！不！不夠完美，這裡還有毛病……左肩有些偏，臉部……」說著，他拿起刻刀修改起來。

茨威格擔心打擾羅丹工作，就悄悄站到一邊。他看到羅丹一會兒走上前，一會往後退，嘴裡還不停地嘟囔著，似乎在跟誰議論著什麼。忽然間，羅丹瞪起眼睛，好像與人爭吵似的，地板被踩得亂響。十五分鐘過去了，三十分鐘過去了，羅丹更投入了，他揮舞著刻刀，越改越起勁，情緒也變得激動不已。在他眼裡，世界似乎消失了，除了這座雕塑，再無其他。

大約過了一個小時，羅丹停下了工作，他對著雕塑露出微笑，看起來似乎已經十分滿意了，然後輕輕地吐了口氣，用濕布蓋上雕塑。接著，他直接朝室外走去，並且隨手關上房門。

茨威格正準備上前與羅丹說話，看到他扔下自己走了，覺得莫名其妙，連忙叫道：「喂！朋友，怎麼啦？你要做什麼？我還在屋子裡呢！」

羅丹聽到叫喊聲，彷彿如夢初醒，急忙返回打開房門，一臉歉疚地說：「真是對不起，你看我竟然把你忘了。」

茨威格當然不會怪罪羅丹，他深有感觸，多年後回憶這件事還說：「那次我學到的，比我在學校裡學到的還要多。從那以後我知道想做好一切工作，就該全神貫注。」

第二，不斷補充精力，不斷地排除雜念。

精力隨著使用不斷消耗，直到精疲力竭。為了保持精力充沛，就要不斷地補充精力。補充精力，首先要在合理的時間內，先解決二〇%重要的事情；然後根據精力狀況依次解決剩餘的事情。這樣既能節省精力，又能使工作順利完成。

補充精力，其次要學會排除雜念。每個人的頭腦中都會有一些亂七八糟的想法，它們充斥著腦海，攪亂人的心靈，分散人的精力。如果這些雜念不除，就像野草一樣瘋狂生長，甚至吞沒主要的思維，讓人無所適從。

排除雜念，可以利用末位淘汰法——

★每天提前寫好當天該做的十件事；

★將十件事按照主次順序排列；

★刪除最後一件事。

將此一方法擴大，可以設定一生該做的十件事，透過末位淘汰，將精力集中到更重要的事情上，避免精力消耗和損失。

這種方法也可以用來管理工作的每一個環節。比如查看辦公桌上的物品，可透過末位淘汰，減少擺放的東西來降低干擾。整理電話薄時，可透過末位淘汰來刪除不必要的通話者。

第三，**增強承受力**，**適度把握精力**。

運動員具有超出常人的承受力，這種能力並非與生俱來，而是不斷訓練的結果。他們花費九〇%的時間訓練，為的就是能夠上場比賽。

你要記得：

1. 精力需要管理。
2. 每天淘汰一件事，讓精力集中到更重要的事情上。
3. 增強承受力，適度把握精力。

4 從薄弱的環節入手，細節決定成敗

生活中，有些人做事總是能夠輕鬆地找到問題的癥結加以解決。他們的秘密何在？仔細分析不難發現，這些人善於從薄弱的環節入手，從細微處尋找良機。

有個日本男孩，從小立志成為柔道高手。不幸的是，他十歲時因為一場車禍失去了左臂，可是這並沒有阻礙男孩的夢想，他也從未想過放棄。後來，男孩有機會認識了一位著名的柔道大師，並成為他的徒弟。

男孩在柔道大師門下學習幾年，不過只學到了一招。

老師每天督促他刻苦練習這一招，還對他說：「學會了這一招，就能實現你的夢想。」男孩雖然心存疑慮，卻依然繼續苦學。

幾年過去了，男孩參加正規比賽，一路殺進決賽。他所依靠的只有一招，但是他最後登上了冠軍寶座。

男孩前去拜謝老師，並提出了自己多年來的疑問：「老師，為什麼只練習了一招，就能夠獲得冠軍？」

柔道大師微笑著說出了秘密：「你知道嗎？你學習的這一招是柔道中最難學的。更重要的是，壓制這一招的辦法只有一個，那就是抓住他的左臂。」男孩明白了，因為自己沒有左臂，對手無法戰勝自己。

師父從男孩的缺陷中找到了制勝秘訣，真是獨具慧眼。

我們常說「切入點」一詞，每一件事情和每一項工作都有切入點，從這裡開始，事情會順利進行，相反地，找不到切入點，則吃力不討好。

現在不少年輕人喜歡創業打天下，那麼究竟做什麼生意好呢？由於缺乏經驗和資金，合適的創業點就顯得彌足珍貴。他們一般具有較高學歷，思想前衛，因此選擇動腦的行業，像是設計、翻譯、家教，一張桌子、一部電話就可以開業了。還可以選擇高科技領域，如軟體、遊戲開發與網路服務等；再有連鎖加盟，從小本經營開始，風險不大。

在實踐中，選擇薄弱環節是非常有利的切入點，是一條成功的捷徑。這一點在戰爭中尤為顯著。

一九四三年，蘇聯紅軍第二集團軍第十六軍在庫爾斯克進行突破戰役。當時有九個營擔任衝鋒部隊，他們從不同的部位分別攻擊德軍防線，由於德軍防守嚴密，戰鬥非常慘烈，長時間打不開缺口。

在緊要關頭，有一個營終於獲得了進展，率先突破了一條防線。這個營的團長見此，馬上將兵力集中到此，這個缺口的正面只有一公里寬，在整個團兵力的攻擊下，防守越來越吃力。師部得知這個消息後，也立即調兵遣將，把兵力投入到這個一公里寬的缺口，沒多久，缺口變深加寬了。緊接著，援軍也趕來了，他們集中了九〇%的炮火和所有的坦克，對準德軍防線不顧一切地猛轟。

隨著缺口擴大，蘇聯中央方面的司令部也派來了軍團，使用空軍軍團加強進行突破攻擊。在強大的炮火攻擊下，德軍防守部隊無力抵擋，節節敗退，數百公里的防線同時瓦解殆盡。

德軍失守，倉皇撤退，他們在二戰中發動的最後一次攻勢就此化為烏有，從此之後他們再也沒有能力組織有力進攻，註定了最後失敗的局面。

先取得「點」的突破，然後集中力量求得「面」的勝利，這就是從薄弱環節入手的好處。

當然，薄弱環節在哪裡？怎麼找到它們？這是首先需要解決的。

尋找薄弱環節，我們不妨採取見微知著的手段。《韓非子·說林上》中有一段話：「聖人見微以知萌，見端以知末，故見象箸而怖，知天下不足也。」見微知著，從細微處發現問題，解決問題，是高明的辦法。

在我們身邊，很多經理人都會深有同感：「剛剛踏入職場的年輕人，心高氣傲，對小事不屑一顧，不願從簡單的小事做起，他們一心渴望做大事，成就大事業。然而往往事與願違，不但大事做不了，小事也做不好。」

家輝第一天上班就感覺不好，氣氛冷清又壓抑。主管不在，安排給他的辦公桌堆滿了前任留下的各種檔案資料。

下午，主管分配給他任務，讓他去國稅局送一份報表，卻沒有告訴他怎麼去，以及送給誰。

家輝一路打聽，終於把報表送到了國稅局，回來後繼續工作。

第二天，主管把他叫過去問：「報表送到了嗎？」

家輝忐忑地答道：「送到了。」

「送給了誰？」主管繼續問。

「送給了一位女士。」家輝有些不安地回答。

「知道是誰嗎？」主管有些不悅。

「不知道，她說放那好了，就沒再說話。」家輝低下了頭。

主管一聽火了，把家輝教訓一頓，最後說：「不管什麼工作，不管結果如何，做完都要向我彙報，你懂嗎？」

家輝羞紅臉，低頭說：「記住了，下次一定及時向您彙報！」嘴上雖然這麼說，心裡已經產生了強烈的委屈和不滿，第二天，家輝沒有來上班。

看似細節的東西，其實蘊藏無限玄機，一個新進員工，還不瞭解工作的範圍，無法把握做事的分寸、尺度，這時主管如果不能詳細交待，不細心地告訴他們怎麼開始、怎麼結束，不去啟發和引導，他們肯定無所適從。所以，做為一名主管，在管理新人時一定要記住，他們不是購買的新車，加了油就能跑，他們是問路的童子，需要你幫助和指引。

有句話說得好，「細節決定成敗」，因為細節不被人注意，容易忽視，結果「千里之堤毀於蟻穴」，釀成失敗。

從細微處下功夫，尋找薄弱的環節，防患於未然，或者積極切入問題點解決問題，才是我們應該有的做事態度和風格。

理查·巴赫說：「上帝是不會只給你一個願望的，他還會賦予你實現這個願望的力量。」不要認為這個力量多麼難得，它就在一點一滴的小事中。

你要記得：

1. 從薄弱環節入手，是做事的一條捷徑。
2. 從細微處尋找薄弱環節。
3. 細節決定成敗。

5 不同階段有著不同的次要重點，隨時不忘主題

每首樂曲都有一個主調，每件事情都有一個主題，在彈奏樂曲時，旋律會不停地變換，在做事情時，不同階段也有各自的次要重點。總之一句話，做事情不能大小不分一概而論，應該根據時機，區別對待，並且有步驟、有計畫地進行。

甘蠅是古代擅長射箭的高手，據說他拉開弓還沒有射出箭，飛禽走獸就嚇得趴下不敢動了。他有個弟子名叫飛衛，箭術高超，甚至超過了自己。

有個叫紀昌的年輕人敬佩飛衛的箭術，就向他拜師學藝。

飛衛對紀昌說：「你先練習眼力，盯住目標不眨眼睛，練好了以後再談學射箭的事。」

紀昌聽從飛衛的教導，回到家後仰臥在妻子的織布機下，盯著來回穿梭的織布梭子，眼睛眨也不眨。這樣練了兩年，即便用錐子刺紀昌的眼皮，他也不會眨眼。紀昌覺得練得差不多了，又去找飛衛請求學習射箭。

飛衛觀察了紀昌的本領，說道：「這樣還不行，你還要繼續練習，直到能把小的東西看大，就像在近處看一樣，那時候再說射箭的事。」

紀昌回去練習，他用犛牛的毛繫上一隻蝨子，把牠掛到窗戶上，每天盯著看。苦練三年後，在紀昌眼裡，一隻小小的蝨子就像車輪那麼大。

飛衛聽說紀昌練習的結果，非常高興，對他說：「現在我可以教你射箭了。」當他將射箭的基本要領告訴紀昌後，紀昌接過弓箭，一下就射穿掛在窗戶上的蝨子，而栓蝨子的犛牛毛絲毫無損。

我們看到紀昌學射箭的過程中，飛衛有步驟地教他，在不同階段培養他不同的能力，當這些能力到達一定水準時，箭術自然而成。

按部就班是做事的一大原則。雖然我們常常把按部就班與「墨守成規」這樣的貶義詞聯繫在一起，但是別忘了，按部就班的基本意思是：按照一定的條理、遵照一定的方式去做事，循序漸進，最後達到目標。

中醫為人治病時，不會一下子祛除病根，而是慢慢調理，首先恢復病人的元氣，幫助病人增強體質，然後消炎殺菌，祛除病因，達到康復。

在講求創新的現代企業中，依然需要遵循按部就班的原則。比如基本的人事、財務、技術和業務，必須牢牢掌握，然後才可以突飛猛進的發展。就像蓋房子一樣，地基打不好，總有一天會倒塌。要蓋好房子，做好事情，就要按照順序，在不同階段抓住不同主題，一層層將房子越疊越高，將事情逐步推進。

一般來說，做事情包括規畫、實施、結果三大階段。

規畫又細分為思考、計畫和制訂實施方案三個步驟。思考是第一步，在頭腦中過濾可能出現的種種情況與目標，並將它們羅列出來。這個階段的重點是「想」，是擴散思維，並且盡可能收集更多資訊。計畫是第二步，是將目標進行細分的過程。第三步是制訂實施方案，選擇具體的手段和途徑。制訂方案時，需要預見具體的手段和途徑是否正確有效與其可行性。誰都不能確保自己的選擇萬無一失，因此只能嘗試、實驗，如果行不通就換一種方法。

在規畫階段，制訂計畫和方案可以參考以下原則：

★計畫要適度，不要貪多嚼不爛。任何事情都不會一次就做完，所以從必須完成的事情開始。

★清楚自己的目的，必須從實施的結果與回報去考慮，如果這件事情不能帶給自己想要的東西，就不值得計畫去做。

★一次只做一件事。在預定的時間裡可能有好幾件事需要去解決，但是不要把精力平均分配，在一段特定的時間裡，只能專心於最重要的某件事情上。

★具有創新意識和能力，尋求更好的途徑和方法。

★不被細節困擾，以主題為目標。

★有信心追求最好的結果。

事情規畫好之後，就要落實到具體實施的階段。

實施階段的第一條原則是：按照計畫做事，逐步完成具體的任務。

完成每一項任務時，最好全力以赴，定期檢查是否符合計畫要求，是否與主題目標一致，不要被瑣事打擾。

美國西部有一位富裕的農場主人，他的兒子名叫鐘斯。

某一天，農場主人讓兒子鐘斯到鎮上辦事。鐘斯高高興興上路了，走著走著，他忽然看到有人正在樹上釘木板，他覺得自己有必要幫忙，就走過去提議：「朋友，我看應該先把木板鋸開，再釘上去才行。」那個人還沒開口，鐘斯馬上轉過身朝著家裡跑去，他要去拿鋸子。

很快地，鐘斯拿著鋸子回來了，他熱心地拿過木板，用力地鋸起來。不巧的是，鋸子太鈍了，鐘斯鋸了兩三下就發現了這個問題，他連忙扔下鋸子，跑回家拿銼刀。

當鐘斯用銼刀銼鋸子時，沮喪地說：「銼刀太難用了。」因為銼刀的手柄不好用。於是，鐘斯跑進樹林尋找合適的手柄。

他在樹林裡找到了粗細適中的樹木，不過砍伐樹木需要斧頭，斧頭要磨鋒利，就要先固定好磨石。鐘斯懂得真多，他知道為了固定磨石，離不開支撐磨石的木條。當然，製作木條少不了木匠師傅的長凳。

想到這裡，鐘斯意識到自己需要一套齊全的木匠工具。

鐘斯只好再次趕回農場，尋找需要的工具。然而直到天黑了，熱心腸的鐘斯也沒有趕回來，原來為了找到工具，他又要去解決各種難題。

鐘斯本來要去城裡辦事，卻「好心」地幫助起他人來，這完全違背自己外出的目的。這種被其他事打擾，從而忘記本來目標的事情，在我們身邊屢見不鮮。我們追求幸福的生活，希望每天都很快樂，但是當我們看到有人發了意外之財時，無法不為之心動，於是覺得痛苦和煩惱，開始為了財富而犧牲很多東西，諸如家庭、健康、自由，可是這樣做的結果能夠實現我們最初的目標，能夠獲得幸福嗎？答案不言而明。

我們制訂創業計畫，投資經營服飾專賣店，可是開業不久，發現鞋類利潤更高，立刻處理完服裝，改行去賣鞋。鞋沒賣多久，又發現賣保健食品賺錢，因此再次轉行。此時我們恐怕早已忘記最初的創業計畫，怎麼可能把事情做對？

實施階段的第二條原則：注重資源整合，將各個步驟的目標昇華以利於最終目標的實現。

在此一原則指導下，做事情時可以不斷創新、不斷累積，積少成多。

沙漠裡生活著甲殼蟲家族，這群弱小的生命如何對抗乾旱，吸取滋養生命的水呢？

一大早，牠們一隻接著一隻地爬出家門，爬到沙丘的頂部。然後列開隊伍，立起身子，好像一隊勇敢的戰士。哦，甲殼蟲要跟誰戰鬥？不，牠們沒有戰鬥，只是將光滑的背朝向同一個方向。這時太陽還沒有升起來，陣陣清風吹拂，掠過沙丘的表面，還有甲殼蟲們的身體。甲殼蟲一動也不動，牠們似乎在靜靜等候什麼。果然，牠們的背上不知不覺凝聚了水珠，水珠慢慢凝聚，最後變成了一滴水。水滴順著甲殼蟲的背流下來，緩緩地流到牠們的嘴邊。

這滴水足夠小小的甲殼蟲一天生存所需了。

沒有集體的累積，換不來一滴甘露，甲殼蟲的生存法則說明，做事情的結果如何，取決於具體的步驟和過程，如果每個步驟都各自為政，互不關聯，結果很難圓滿。

做事情，最後的階段就是結果。

結果需要評估和檢測，看看是否達到預定目標，實現了計畫。

這個階段依然需要緊緊圍繞最初的目標展開，並決定取捨和判斷得失。這樣不但能夠保證做好事情，還有利於提醒人們，以後做事時如何抓住目標，不忘主題。

你要記得：

1. 做任何一件事都有步驟，按照步驟去完成。
2. 不同階段有著不同的次要重點。
3. 做事不忘原則，隨時記住主題。

6 放棄是一種大智慧，該拒絕時就說「不」

有位可憐的母親和兩個孩子落入法西斯的魔爪中。

法西斯匪徒們殘忍地要當著母親的面殺死她的孩子們。行刑前，一位匪徒突然對母親說：「妳可以留下一個孩子，這個孩子由妳選擇。不過這個選擇不能拒絕，如果拒絕了，兩個孩子都得死。」

母親絕望地抓著孩子們的手，痛苦萬分，是要失去一個孩子還是看著兩個孩子同時斃命？母親難以割捨，只是抓著孩子們的手不放。

這時匪徒們的槍響了，兩個孩子應聲倒地而亡。

由於母親不捨得放棄，一個孩子也沒有活下來，這個殘忍的故事讓我們想到，沒有放棄，就沒有生存。雖然我們沒有生活在法西斯時代，可是我們做任何事情都需要放棄，需要不停地放棄那些次要、瑣碎的多數，只有這樣，事情才可以更加清晰，計畫才會更順暢地實施並達成目標。

威爾遜是美國奇異公司的前掌門人，為了整體利益曾經把許多業績不在業界前兩名的事業部門關閉。放棄這些部門，自然是痛苦的決定，但是卻挽救了整個公司的命運。所以我們說放棄是需要勇氣和魄力的，是一種超乎常人的大智慧。

我們的命運藏匿在思想深處，一樣的人生，不一樣的角度，會得到完全不同的結論。如果能夠放棄痛苦，就會得到快樂；放棄過度的操作，就會得到安閒的日子；放棄不必要的追求，就會得到更多想要的東西。很多人無法走出生命歷程中種種的陰影，不是他們比別人差，而是他們沒有勇氣放棄，不懂得放棄的力量，他們自認為足夠強大，應該擁有更多，獲取更多，以為越多越好，不停地索取。

一個孩子的祖父為他用紙做了一條長龍。在這條紙長龍空洞的腹腔中可以放進去幾條蝗蟲。孩子喜歡玩藏蝗蟲的遊戲，可是每次放進去幾隻蝗蟲，牠們就全在裡面死了。孩子感到奇怪，蝗蟲長著堅硬的嘴巴和有力的腿，為什麼不能破「龍」而出呢？

祖父為孩子分析道：「蝗蟲的脾氣太糟了，牠們只知道掙扎，卻不會順著長龍從另一端爬出來。」看著孩子半信半疑的眼光，祖父笑呵呵地撿了幾條小青蟲，把牠們從紙長龍的頭部放進去，然後關上龍頭。不一會兒奇蹟發生了，小青蟲們排著隊從龍尾爬了出來。

蝗蟲不知道放棄，一味拼命地撕咬、掙扎，結果死路一條。青蟲懂得放棄，不去索求，反而活了下來。

放棄的力量如此神奇，值得每個人去學習和掌握。誰也不可能得到所有，擁有一切，所以從現在起學會放棄煩惱，與快樂交朋友；放棄功名利祿，與微笑常伴；放棄爭吵，放棄仇恨，放棄次要的、瑣碎的一切……放棄，會讓人輕裝上陣，精力集中；讓人心態平和，做事穩定；讓人滿懷信心，事半功倍。

要學會放棄，就要懂得拒絕，拒絕一切干擾事情正常進展的東西。拒絕，是放棄的開始。

有人為了解脫痛苦，來到禪師門下尋求方法。

禪師讓他自己去悟。

一天過去了，禪師問他悟到了什麼。

那人回道：「不知」。

禪師聽了，舉起戒尺打了他一下。

又一天過去了，禪師去問他，他仍回道：「不知。」

禪師又舉起戒尺打他一下。

第三天了，那人還是一無所知。

禪師只好舉起戒尺，不過這次在戒尺落下來時，那個人舉手擋住了。

禪師笑了，他說：「你終於開悟了，明白了道理——拒絕痛苦。」

人生在世，不管做什麼事，在什麼樣的環境下，都會不斷地被各式各樣的問題困擾。哪些是不必要的，哪些是必須放棄的，都值得我們做出正確的選擇。

法國作家拉封丹寫過一則寓言，講的是北風和南風比威力，看誰能把行人身上的大衣脫掉。北風用力地吹，打算吹掉行人的大衣，不一會兒就吹得天寒地凍，行人為了抵禦寒風，把大衣裹得更緊了；南風則不同，它徐徐吹動，暖意洋洋，行人不知不覺間感受到了溫暖，便脫下大衣。

這則寓言告訴我們，要想認識哪些是必須拒絕的東西，不能只看外表，在人際關係中，很多人不懂得拒絕別人，結果被迫來往於交際中，白白浪費很多時間和精力。就像行人一樣，最後讓自己感到疲憊，耗盡能量。

不會拒絕，會讓自己背負沉重，感到壓迫和煩躁，最後消耗所有能量，為了防止這一點，從現在起學會拒絕。

第一，簡單回應。

拒絕時，應該堅決而直接。如果你不願做某件事，或者不願與某人交往，可以簡單地說：「對不起，我不能做這件事。」「很感謝你看得起我，不過我沒有時間。」不要因為拒絕而難為情，不需過分道歉。拒絕是個人的權利，不需要對方允許。

第二，不要輕易回答「是」，給自己一些時間，考慮自己的選擇，讓自己有信心拒絕。

第三，如果你覺得有必要，可以考慮其他途徑或辦法，但一定要在有限的時間內做答覆。如果你真的想拒絕，就要避免妥協的行為。

第四，拒絕和排斥是兩回事。

拒絕某人某事，不代表你排斥他們，討厭他們。在一般情況下，人們都會明白，每個人都有拒絕的權利，就像每個人都有請求幫助的權利一樣。

第五，做回自己，確定自己的方向，確知自己想要的東西，這樣才能有利於拒絕那些不必要的事情。

第六，拒絕有時候不會傷害到對方，反而會讓他們更有自制力，更懂得生活，更負責任。

你要記得：

1. 放棄會讓人輕裝上陣，讓事情更簡單明瞭。
2. 拒絕，才會放棄。
3. 拒絕要有技巧。

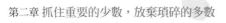

三不主義：不做「忙、盲、茫」的窮忙族

1 做多不如做對，降低自己的工作量

「多做多錯，不如不做」，這句話聽起來就像發牢騷，充滿著抱怨的心態。

工作中，確實很多人都會犯這樣的毛病，他們從早到晚不停地忙碌，做得比別人多，出力比別人大，工作量累計起來，超過團隊中任何其他個體。可是老天好像真的不公平，這些多做事的人沒有得到好的回報，因為他們不停地做，不停地出錯，不但得不到好評，反而連累他人，甚至影響到整個計畫的實施。

快節奏的生活方式，讓每個人都像上了弦的陀螺，手邊的工作似乎永遠也做不完。如此忙碌的結果卻是錯誤連連，換來「不如不做」的警告，問題到底出在哪裡呢？

有位鄉村醫生，是出名的大忙人，他忙著上門就診，並開設了諮詢服務，又擔任當地醫療中心主任，還要經常去法庭做法醫的顧問。這麼多工作堆積在面前，他不分晝夜地工作，每週工作九十小時以上，試圖將每項工作做好。可是很不幸，最近他接二連三地出錯，不是病人診斷失誤，就是出現醫療事故，更可怕的是，由於他睡眠嚴重不足，有一次深夜出診，在路上竟然睡著了，結果汽車翻滾到懸崖下。

僥倖活命後，這位大忙人不得不降低自己的工作量，辭退了顧問和主任的工作。

大忙人的經歷是現實生活中很多人的寫照，恰好印證了拿破崙．希爾的一句話：「騎腳踏車的人走不遠。」如果一個人過於忙碌的工作，而不知道抽出時間去思考，去選擇適合自己的工作量，他將永遠無法充分利用自己的能量，甚至會帶來惡果。

我們知道，一個人的能量是有限的，如果單純地以個人產生的能量計算，還不足一匹馬的十分之一，依靠人力社會走不了多遠，個人單打獨鬥不算勇敢。所以我們才常常見到有些人拼命工作一輩子，依然過著貧困的日子。對他們來說，人生並不公平。為什麼會如此？老天真的偏心嗎？不是，老天眷顧的是那些懂得如何有效開發自己能量的人。

「假如你要做大事，稍微降低工作量是必要的。」這是詹姆斯．沃森對我們的提示。他與法蘭西斯．克里克合作發現ＤＮＡ，共同獲得了諾貝爾獎。二人共同寫了一本書，在書中他們沒有陳述如何辛苦工作，如何不停地努力的故事，相反地，他們講了很多如何度週末、舉行聚會、遊手好閒地娛樂等幽默事件。

沃森和克里克有機會參加世界各地的會議，與許多領域的科學家交換意見，透過這些所見所聞，他們有了更多思考的空間。更有幸的是，他們獲得了外界慷慨的資助，而不必每人身兼數職去維持生計。

總之，工作之外的活動給了他們更多寶貴的東西，讓他們有精力和能力去研究生物學。這也許就是沃森所說的降低工作量的意義。

俗話說「有打漁的時候，也有曬網的時候。」在現代社會中，對我們每個人來說，不管做什麼事情都會感到非常缺乏的資源是什麼？是時間，如何利用恰當、簡單的方法去做事，才是最該考慮的問題。不要將忙碌與效率混為一談，不要以為多做了，就一定會有更多回報。

一九六五年，一位韓國學生在劍橋大學攻讀心理學時，經常到學校的咖啡廳或茶館聽一些成功人士聊天。

這些成功人士既有諾貝爾獎得主，還有某一些領域的學術權威和一些創造了經濟神話的人，他們談笑風生地度過一個個美好的下午，彷彿自己是個無所事事的大閒人；他們舉重若輕，把自己的成功都看得非常自然和順理成章。

這位學生觀察久了，不免產生疑惑，在國內，人們普遍把做事業的難度誇大，總是把成功與「勞其筋骨，餓其體膚」、「三更燈火五更雞」、「頭懸樑，錐刺股」等連結在一起。可是從身邊的成功者來看，事實並非如此，適當地降低工作量，掌握有效的方法，才是成功的保障。

這位學生根據自己的觀察和思考，寫了一篇名為《成功並不像你想像的那麼難》的論文，交給自己的導師威爾．佈雷登教授。

教授非常讚賞他的觀點，將這篇文章推薦給了韓國總統，後來這篇文章伴隨著韓國的經濟起飛了。它鼓舞了許多人，讓他們踏上成功之路。

這位學生本人，也成為韓國現代汽車公司的總裁。

成功人士並非靠多做事取勝，而是更懂得如何降低自己的工作量。

這是因為「顛狂的馬容易閃失，慌張的人會出亂子。」降低工作量，可以給自己更多空閒的時間，去反省一下剛剛完成的工作與剛剛思考過的事情，這會讓人想到更多：是不是還有其他出路？還有沒有更合適的合作者……如果你是位經營者，不要總是站在第一線，可以去檢查一下存貨，看看檔案裡還有沒有其他資源可用。

降低工作量，等於放開了你的手腳，讓你有空去做廣泛而非狹隘的研究。

一個人如果過於專注在自己的小領域，不知道其他領域對自己目前從事事業的影響，是極為不利的。

拿破崙忙著統一歐洲，卻慘遭滑鐵盧，就是在於他過於狹隘的民族主義，他不知道要去關注更廣闊領域的歷史發展趨勢。

降低工作量，讓自己有更多時間廣泛涉獵、學習、思考，將會產生源源不斷的創新能力，讓事情做得更成功。

很多時候，最有生產力的時候，恰恰是在白日夢中。

羅伯特．布羅德沃特年輕時曾是戰俘，被關在日本長達四年之久。這段時間內，他什麼都不能做，所幸戰俘營的指揮官曾經在日本教授過英文，從私人圖書館中為戰俘們帶了一些書籍閱讀。布羅德沃特百無聊賴，只有靠閱讀打發時間。這段看似虛度的光陰，給了他人文教育的機會。

後來，布羅德沃特加盟可口可樂公司，把產品成功地引入日本，他說：「當時所學成為我後來在可口可樂公司中做決策的基礎。」

你要記得：

1. 未行動前先自省：你真的很忙嗎？
2. 時間是公平的，又是吝嗇的。
3. 忙要忙對地方，做要做出模樣。
4. 忙裡偷閒，閒來思考。

2 提前計畫每天該做的工作，有條理才能成大事

我多次談到計畫的重要性，在日常工作中，提前計畫每天該做的事，是人生事業計畫的一部分，也是重要的環節。

每天如何開始？如何進行工作？該做哪些事？進行合理的策畫，會讓一天的工作變得緊張有序，避免陷入忙亂之中。

有人也許對此懷有異議：「每天工作很累，哪有時間計畫？」甚至還會說：「有什麼可計畫的？每天都做那些事。」如果你有這樣的想法，那麼請先考慮下面幾個問題：

★是否每天工作都很忙碌，缺乏頭緒，成效卻一般？

★是否經常丟三落四，記憶力經常受到挑戰？

★是否幾十年如一日辛勤工作，升遷的人員名單裡卻總是沒有自己？

★是否忙得團團轉，老闆還挑剔：「這沒有做好！」「那做的不行！」

★是否恨不得自己能多出幾條胳膊幾條腿，可以多跑幾家客戶，多談幾項業務？

相信被上述問題糾纏的人一定不在少數，當你質問自己是否不夠努力不夠勤奮不夠幸運時，不如從做事的方法和方式下功夫。上帝不僅給我們一個願望，還賦予我們達成願望的能力，成功者之所以能夠成功，是他們發揮了應有的能力而已。

每個人都有這個能力，關鍵是如何去發揮和實現。

而提前計畫每天該做的工作，會幫你實現這個能力。

提前計畫，可以在當天下班前或者晚飯後，抽出十至十五分鐘思考明天該做的事。

伯利恆鋼鐵公司前任總裁為了更進一步管理好公司，曾經請教過一位效率專家，專家告訴他：「十分鐘之內，我可以給你一樣東西，讓你的公司業績至少能提高五〇％。」說完，他遞給總裁一張白紙繼續說：「在這張紙上寫下你明天要做的最重要的事，最多六件。」

總裁半信半疑，按照他說的寫了下來。

專家看了看說：「請你按照數字順序標明這六件事的重要次序。」

總裁做了標示。

這一連串動作花費五分鐘的時間。

隨後，專家告訴總裁：「好了，請把這張紙放進口袋。明天早上首先就是拿出紙條，去做第一件事情。記住，不能做其他的事情。做完了之後，用同樣方法去做第二件事、第三件事、第四件事……一直到下班，如果只做了五件，也不要緊，你一直在做最重要的事情。如果你能每天這麼做，堅持到底，並且帶動手下的經理主管們也這樣去做，那麼持續一段時間後，效果如何，你可以寫信給我。」

整個會談就此結束，前後大約三十分鐘。

幾個星期後，總裁不但寄信給專家，還寄了幾萬英鎊的酬金。幾年後，在總裁管理下，這家名不見經傳的鋼鐵公司發展成為著名的大公司。

短短三十分鐘，改變了一個公司和總裁的命運，也顯示了每日計畫的重要性。我們可能非常忙碌，每天馬不停蹄，可是我們一定可以抽出十至十五分鐘，用來考慮明天的事情，確定在熄燈前寫下計畫。

寫下明天該做的事，會讓自己睡得更加香甜，不必隨時在腦子裡想著：「別忘了做什麼做什麼……」也就是說，寫下計畫解放大腦，讓它有更多時間去解決問題，而不是單純記住問題。

計畫每天該做的事，從上班到下班，一般包括幾個方面：上班前、到公司後、進行工作前的準備、工作中、工作結束。這是常規的內容，計畫這些事情，應該遵循一定的原則和規律。

第一，計畫應該簡單明瞭，一目了然。

計畫的目的是要做事更有效率，不要把時間浪費在如何找到計畫表、閱讀計畫表上。所以計畫表應該放在固定、容易看到的地方，採用固定的筆記本，必要時可以利用便利貼隨時提醒自己。

計畫的內容應該簡潔、明確，能夠提醒自己該做什麼事就足夠了。

第二，限制計畫表上的專案，換句話說，不要把明天所有的事情都寫上。寫下重要的事情，並且標出輕重緩急。

第三，起床後第一件事就是檢查制定好的計畫，這可以防止遺漏某些事情，並且重新過濾該做事情的先後順序。

福布斯二世有個習慣，就是在書桌上放一張記錄重要事項的紙。每當他遇到困難，覺得進退兩難時，他就會看看這張紙，以確定「使我動彈不得的事是否真的值得讓我為難。」通常，這種紙上會有二十件左右的事，包括電話、信件，還有需要他口述的一小段專欄文章。他認為：如果沒有一本固定的記錄本，事情將永遠無法完成。

這是十分有用的技巧，特別是現代社會中忙碌的工作者，比如公司主管可能分配給下屬任務後，由於繁忙的工作，很快就忘記具體的人事安排。這時，「紙條」是你的忠實朋友，隨時提醒你各式各樣的情況。

第四，在該做的事情旁邊注明具體的時間安排。

有些人寫下該做的事後，就以為萬事大吉了，這是大錯特錯的。比如寫下「明天會見客戶」，沒有其他任何限制，給人的感覺是明天一整天都在與客戶交談。所以寫下具體的時間，「上午九點到十點會見某某客戶」，就明瞭得多。

第五，如果是部門主管、**經理，還要考慮帶動下屬們一起訂每日計畫**。

有位出色的雜誌主編，十分擅長幫助下屬製作日程表。通常到了週末，他會單獨到度假區去思考企劃案，讀一些文章，理清自己的思緒。到了星期一回到辦公室時，他一定會帶著重要人員的日程表，上面已經清楚地記錄了指派給每個人的工作。

在日程表上，每件事情都做了特殊標記，比如需要優先知道的事情做個紅色記號；需要第一優先做的事做兩個記號等。為了完成工作所需要的各種材料、工具會附在日程表上，比如信件、名片等。

提前計畫每天該做的事，從早上起來就會滿懷信心地去工作，當然就可以讓事情更有條理，讓工作更容易完成，效率更高。到了晚上下班後，我們就會更願意去計畫明天的事。如此反覆循環，便能夠按照計畫完成一天的工作，這將會令人非常滿意與欣慰，而且工作將在循環中不斷提升。

這裡我建議大家，在計畫每天的事情時，不要忘記制定長期計畫表。

有項原則是：每日計畫服從於長期計畫。

在一次全國性的業務員會議中，記者問一位優秀業務員的銷售策略是什麼。這位業務員回了五個字：「每月日程表」。他解釋說：「我必須事先知道一個月後的情況，有哪些重要客戶需要拜訪，從而提前做有用的準備。」

優秀者都是如此，他們會預估長期計畫表上的每個具體計畫，利用這些周計畫、月計畫，甚至是年計畫來制定自己的每日計畫表。所以，計畫應該是長短結合，互相促進。

你要記得：

1. 每天抽出十到十五分鐘，提前計畫明天該做的事。
2. 計畫要具體，並限制專案和時間。
3. 考慮帶動下屬人員一起制定每日計畫。
4. 每日計畫服從於長期計畫。

3

埋頭苦幹，更要抬頭看天，隨時保持頭腦清醒

兩隻蜘蛛生活在一座破舊的廟裡，牠們住在不同的地方，一隻在屋簷下，一隻在佛龕上。不知哪天，廟的屋頂突然塌掉了，不過兩隻蜘蛛很幸運，都沒有受傷，依舊各自盤踞在自己的地盤上，忙碌地編織著蜘蛛網。

過了幾天，住在佛龕上的蜘蛛發現了問題，牠的網總是遭到破壞，一隻鳥飛過，或者一陣風刮起，都會弄破牠的蜘蛛網，讓牠白忙半天。

佛龕上的蜘蛛越來越生氣，就去向屋簷下的蜘蛛訴苦：「真是令人氣憤啊！你瞧，我們吐的絲都是一樣的，工作的地點也是老地方，可是為什麼我的網這麼容易壞，你的卻沒有事呢？」

屋簷下的蜘蛛聽了，笑著說：「朋友啊，難道你沒有抬頭看看我們的屋頂嗎？它已經不在了。」

的確，我們在忙碌的職場上，為了做好工作必須埋頭苦幹，踏踏實實的做事。可是辛苦工作之時，如果不去思考，不去觀察，恐怕永遠無法發現「屋頂已經沒有了」，而不斷繼續做白工。

事情就是這麼簡單，只要你肯抬起頭，就會看到完全不一樣的天空，以及問題的癥結所

在。

在這裡，我所說的「抬頭看天」是指給自己留個思考的時間，讓自己能夠重新審視工作，考慮做事的方式與方法，並找到更好的途徑。

克萊蒙特．斯頓說：「如果你每天都花時間去學習、思考和計畫，那麼你就會獲得一種能量，借助這種能量，你可以改變自己的命運。」

在職場上，埋頭苦幹的人往往會犯以下的錯誤：

第一，埋頭做事，沒有時間和精力去瞭解更先進的資訊和技術，讓自己的工作效率越來越低。

看著做了很多工作，實際效果卻一般。而且由於工作過重，搞得身心疲憊，影響身體健康，進一步影響到工作品質。

第二，把勞苦當做功績，認為做得多就是功勞大，應該得到更多回報和獎勵。

殊不知，由於埋首在個人的小天地，未注意和瞭解企業發展動態，以及業界的進展狀況，不能跟公司發展相一致，與同事們合作不力，結果做得越多錯誤越多。

第三，做事分不清主次，喜歡把事情攬到自己頭上，結果無法提高工作效率，搞得一團糟，自己該做的事做不好。

第四，無法正確處理與上司、同事的關係，弄得自己很孤立，缺乏良好的人際關係，氣場較差。

第五，過高的自我評價，認為自己付出了很多，喜歡與別人比較，覺得自己比別人能幹。

那麼，如果你在工作時，適當地「抬頭看看天」，效果會怎麼樣呢？

李先生畢業後，在三年時間內連續換了三家公司，如此頻繁地跳槽是為了什麼呢？李先生說：「第一家公司狀況普通，我去那裡工作是因為招募的門檻低，很容易錄取，還能順便瞭解一下該行業的情況。第二家公司有數值控制工具機，可以進行CAD設計，提高我的技術水準，所以我跳槽到了那裡。至於第三家公司，這可是目前國內很有名氣的企業，客戶很多，我去了可以學習很多行銷知識，瞭解業界的第一線動態。」

原來，這是李先生有準備的「三級跳」，透過這些行動，他對機械製造業的技術要求、業界狀況、行銷方法都有了切身的體會和瞭解，當然對自己日後的職業發展打下了基礎。

跳槽是常有的事，可是大多數人有沒有像李先生這樣有目的、有思考的「三跳槽」呢？恐怕很多人跳槽就是為了換份工作，或者增加收入，然而李先生跳槽與眾不同，他是為了自己的職業發展，這就具體表現出職業規畫的特色和要旨。這種跳槽行為，再次揭示了埋頭苦幹與抬頭看天的關係。埋首於一家公司或者一份工作，不能滿足李先生日後的事業需求，為此他選擇了「三級跳」。

「抬頭看天」，可以讓自己保持清醒的大腦，瞭解業界和公司發展的現狀，「看透」上司，並得到幫助和提攜。

有位老農的田地裡有塊大石頭，多年來，這塊石頭碰斷了老農的好幾把鋤頭，還弄壞了他的播種機。老農對此毫無辦法，巨石成為他的心頭之患。

又一次，老農的鋤頭被石頭碰壞了。他望著給自己帶來無數麻煩的巨石，狠狠地說：「等著吧，我一定要把你『請』出去。」老農找來了長長的木棍，打算試著扳開石頭。沒想到，石頭完全沒有他想的那麼重，只見他稍微用力一撬，石頭就動了。然後，他找來大錘打碎了石頭，將它徹底清理掉。

這時，老農想到多年來為石頭困擾的情景，真是一臉苦笑。同樣的勞動，不一樣的結果，我們是不是也該學學老農，看看自己的「田裡」有沒有阻礙工作的「巨石」？

首先，我們應該認識到抬頭看天的意義，撥出一定的時間和精力，用來思考我們的工作計畫我們的事業，讓我們的人生更為圓滿。

誰都知道現在的工作特別忙碌，可是只要你用心，一定可以給自己留出一點時間。

其次，我們應該學會抬頭看天，看清自身所處的環境，個人的特長，以及公司發展前景，業務狀況等等。

抬頭看天，就是讓自己在充分瞭解工作的基礎上，有的放矢，不斷求新，提高工作效率，改善人際關係。事物處在不斷變化中，我們如果一味停滯在苦幹裡，沉溺於個人空間，自然無法看到事物發展，也就很難跟上形勢，更別說創新。

再次，抬頭看天，需要學會思考。

同樣一件事，有沒有思考，做出來的結果完全不同。學會思考，可以幫我們找到更好的上司、市場、客戶，還有公司。大腦是我們做事的工具，是指揮四肢工作的司令部，合理用腦，可以讓學習更省力；動腦想一想，會發現不同的出路。

所以，我建議大家從現在開始，在工作之中抬頭看看天，透過現象看本質，看清問題的內在原因。不同思維的人，對事情的本質往往會有不同的判斷。我們經常看到一些思維敏捷的人，工作中總是能夠脫穎而出，不僅業務突出，還受到上司賞識，很快就獲得提拔。追究他們成功的秘密，並非做了多少工作，而是他們隨時與公司的文化保持一致，與同事們和諧共處，而且他們有著自己的核心能力，努力追求創新和突破，更重要的是，他們能夠敏銳地察覺到辦公室政治，不做辦公室鬥爭的犧牲品。

總之，他們頭腦清楚，明白自己追求什麼，並且不停地為此收集各種資訊，增加自己的閱歷，盡量做到舉一反三，觸類旁通。有了這樣的本領，不管做什麼事，想不成功都難。

你要記得：

1. 適當地抬頭看天。
2. 抬頭看天，給自己更多思考的空間和時間。
3. 「抬頭看天」，可以讓自己保持清醒的大腦，瞭解業界和公司發展的現狀，「看透」上司，並得到幫助和提攜。

4 多聽聽他人的意見，比較方可見優劣

我們越來越不喜歡聽從別人的意見，我們滔滔不絕，總是自以為是，我們認為自己是世界的主人，可以主宰所有事情。然而，結果卻與我們的想像完全不同，我們忙忙碌碌，卻很難做好具體的工作，更找不到工作的樂趣。

有個年輕人向蘇格拉底請教演講的技巧。

為了表現自己的口才，年輕人滔滔不絕地講了很多。他自以為會得到蘇格拉底的誇獎，沒想到蘇格拉底，只是簡單要求他支付雙倍的學費。

年輕人大驚：「為什麼我要加倍交錢？」

蘇格拉底回答：「因為我要教你兩門功課，一是怎樣閉嘴，另外才是怎樣演講。」

學會「閉嘴」，是現代職場中的必修課，只有閉上嘴，才能夠傾聽別人的意見，才可以瞭解更多資訊，看清楚自己工作的得與失。

這無疑是一次抬頭看天的好機會。

有句話說：「上帝給我們兩個耳朵一張嘴，就是讓我們多聽少說。」一點也沒錯，傾聽，是尊重別人的表現，是給予別人最有效的讚美。不管說話者是你的上司、下屬、客戶還是親戚朋友，或者其他人，傾聽具有同樣的功效。

人們希望他人關注自己的問題和興趣，傾聽會給人們一種被重視的感覺。

小說《傲慢與偏見》中有個經典片段——

有一次，伊莉沙白在茶會上專心地傾聽一位男士述說在非洲的見聞，當時伊莉沙白幾乎一句話都沒說，可是這位男士卻由衷地稱讚她是一位擅長言談的女子。多麼神奇的效果，只有傾聽才可以達到。

在職場上，傾聽別人的意見尤其可貴，尤其難得。

現代人比較自負，很難聽進去別人的話，更別說意見了，於是我們看到很多人既聽不進去下級的良好建議，也不願意接受上司的意見，還不能與平級的人真心交流，結果工作越做越差，最後不得不離職而去。

俗話說「三個臭皮匠勝過一個諸葛亮」，眾人的意見有著強大的力量，如果具備綜合這種力量的能力，無疑會讓工作更出色。

吳先生出任一家公司的經理後，注意到自己的部門裡有位年輕人，十分機敏能幹，常以出其不意的舉動快速搶占商機，業績不錯，在業界有點名氣。

然而，在公司內部，這位年輕人似乎很不走運，他經常受到排擠，薪水與付出相比顯然太低，即便如此，他還是常常被非議糾纏。前任經理對他的印象非常糟糕，認為他：「驕傲自大，大事做不了，小事不肯做；不管做了什麼事，都要有人跟在後面擦屁股。」

吳先生聽了這些情況，馬上猜到年輕人一定曾經多次讓前任經理尷尬過。

過沒多久，這一個想法得到證實。

吳先生上任後，為了融合整個團隊，一開始表現得一團和氣。結果這位年輕人不以為然，背後議論吳先生不講原則。吳先生主持會議時，往往一句話還沒有說完，年輕人就打斷他的話，機關槍似的長篇大論，並且反覆說一句話：「我糾正經理一下。」

儘管如此，吳先生沒有將年輕人一棍打死，他決定仔細觀察，畢竟年輕人的業績擺在那裡，他應該有自己的優勢。經過一段時間觀察，吳先生明白了：「這位年輕人反應過度。」他很少接收來自上司的資訊，即使接收，也會在理解上出現偏差。也就是他太能說了，而不知道傾聽，導致自己的思維呈封閉狀態。

吳先生很客觀地指出了年輕人的問題，可是年輕人聽了一句馬上大叫起來：「什麼？我封閉？要是那樣的話，全世界都是自閉者！」他說自己有很多朋友，他們關係和諧，交往密切。

吳先生馬上問了一句：「是嗎？我敢斷定你和朋友們在一起時，你請客要比他們多得多。」

年輕人拍拍腦袋，驚訝地說：「是啊，確實是。可是你怎麼知道的？」不等吳先生回答，他立即說：「因為我比他們大方。」

吳先生搖搖頭，他對年輕人說：「並非如此。依我看每次都是你主動提出請客，或者搶著買單。其實那些人不見得是你的朋友，他們不過是你的聽眾罷了。時間久了，你把他們當成了朋友，可是你潛意識裡搶著買單，說明你並沒有認定他們是朋友，他們還是聽眾。」

年輕人終於沉默了。

吳先生給他時間，讓他仔細思考。

幾天後，他認同了吳先生的說法。

吳先生繼續啟發他說：「你打過保齡球嗎？發球時誰都希望能連續十二次全倒，可是這種機會實在太少了。軌道很長，球不會按照你的意願前進。在職場也是如此，領會上司的意圖需要一個過程，如果意圖沒有清晰地表述，你就忙著反應，結果當然不得要領。所以你應該明白，自己在職場不順的主要原因是你不善於傾聽。」

「那我該怎麼辦？」年輕人焦急地問。

吳先生告訴他：「在你每次回應之前，默默地從一數到十。不是有句老話，『會說的不如會聽的』，對吧？」

傾聽別人的意見，不止是耳朵的工作，還需要付出心力。這裡我們建議各位不妨從小事開始，逐步培養自己傾聽意見的習慣。

第一，不管多麼小的事，如果存有不同的看法，就要聽聽他人的意見，然後做出決定。

第二，不管對方是誰，如果他向你提出意見，那就要細心考慮。

這兩點可以幫你擺脫自負的情緒，慢慢進入到一種善於接受意見的心理狀態。當然，他人的意見不一定對，但是只要聽了，就說明自己有了進步。

傾聽他人的意見，不是一時的問題，需要徹底放下面子，放下虛榮心，長時間地鍛鍊和努力。

要想達到傾聽的效果，也有很多技巧需要掌握。

這些技巧的第一原則是，關注對方，給予對方全面的注意。第二原則是，以心換心，只有用真心對待，才可以得到對方的真心話。

首先，傾聽需要具備良好的精神狀態，這是保證傾聽品質的前提，如果交談時一方精神萎靡，無精打采，會使溝通大打折扣。因此，隨時提高警覺，讓大腦保持一種興奮的狀態。

也就是說，應該積極地去聽別人說話。

其次，傾聽時不要忘記給予動作和表情呼應，表達自己的感受，提高對方的興趣，讓交流更融洽有效。

再次，可以適當使用一些開放性動作。肢體語言可以表達很多內容，像信任、接受、感興趣等等，讓對方知道你的思路是積極的還是消極的。

第四，必要的沉默，不要隨便打斷別人的話，保持耐心。對方有時候可能語言比較散亂，或者說的話不是你想聽的，這時不能輕易打斷對方，而是要耐心地聽。或者給予輕微的提示，讓對方清楚表達自己的意思。

第五，傾聽時不要忘了適時地提出問題。提出問題可以鼓勵對方繼續提意見，達到互相溝通的目的。

有一點我們必須確定，他人說的不一定是意見，有可能是牢騷。因此，在傾聽他人意見的同時，我們還要學會認真對待別人的牢騷。現代人喜歡發牢騷，下屬發牢騷抱怨薪水太低，上司發牢騷埋怨工作效率太低，客戶發牢騷認為產品一無是處……面對這些牢騷，該怎麼辦？認真傾聽，會給你帶來意想不到的效果。不管是誰發牢騷，只要洗耳恭聽，既不皺眉也不反駁，偶而表示一下贊同：「哦，是這樣啊！」這時，奇蹟很快就會出現了：對方一吐為快之後，高高興興地離開你的房間，他們繼續努力工作，繼續使用你的產品……一切問題好像沒有發生過。

我們傾聽意見，是為了解決問題，提高工作品質，因此我們看到那些善於傾聽牢騷的老闆，比起那些不愛聽牢騷的人，要成功得多。這種現象簡直可以稱作牢騷效應。

事實上，不光在職場中，放大到人生的任何空間和時間，傾聽他人的意見也是裨益多多，拒絕他人的意見都會貽害無窮。

你要記得：

1. 傾聽也有技巧。
2. 認真地聽人發牢騷。
3. 比較一下不同的說法和意見，找到更好的解決途徑。

5 讀書學習，給自己注入更多自信

要想不做「忙、盲、茫」的窮忙族，讀書與學習是不可缺少的輔助措施。

我們知道「知識就是力量」，獲取知識的重要途徑就是書本。現代社會需要適應發展的人才，而不是老黃牛式的工作狂。如果不具備善於讀書與學習的能力，即使付出最大的努力，在這個強調進步、講究變新的大環境下，你也只能被公司淘汰，被發展迅速，變化日新月異的社會淘汰。

俗語說得好，磨刀不誤砍柴工，讀書之於工作，好比磨刀和砍柴的關係。讀書是工作中不可缺少的重要一環。如果只知道砍柴，而不打磨砍柴的刀具，那麼勢必費神勞力，而無法獲得相對的成果。可見，善於「磨刀」，能發揮事半功倍的效果，不僅不會浪費時間，還會獲取新知識、新動力，從而不斷進步。

有一位哲人說過：「能夠造就自己的東西不光是生來就有，還有學習所得，所以卓越者必謙虛好學。」職場中，優秀者大有人在，你肯努力工作，別人也不會偷懶耍滑頭，要想充實自我、提高自我、提高工作效率，就必須學會在工作中讀書，讓書籍為工作保鮮，做一個永不過時的工作狂。

靜宜在一家賓館做服務生，一開始她對工作不得要領，覺得這份工作不合自己的心意。可是她是個有心人，漸漸地發現餐廳服務大有學問，但由於自己的知識有限，常常力不從心。

靜宜想：「我的水準不高，要做好餐廳服務都不容易，以後做其他工作就更難了。不如我把精力投入到餐廳服務中。」於是，她報名參加餐飲服務培訓課程，用了一年時間，她熟練並掌握了各種技能。在接下來全國舉辦的技能競賽中，靜宜獲得了第一名的好成績。

從一名服務生到餐飲達人，靜宜實現了人生的轉變。

靜宜的成功，在於她積極學習，獲取相關知識和技術。

福特公司CTO路易士．羅斯有一個著名的觀點：「在你的職業生涯中，知識就像牛奶一樣是有保鮮期的，如果你不能不斷地更新知識，那你的職業生涯便會快速衰落。」的確如此，在社會發展快速的今天，即使你有再高的學歷，再多的經驗，如果不讀書與學習，將永遠無法適應這個社會，因此，想要成為一名優秀的人才，想把事情做對做好，就要善於學習。

我們都去過麥當勞，麥當勞在全球擁有上萬家速食店，良好的環境、優質的服務讓我們感覺舒服。這一切當然與麥當勞重視員工培訓是密不可分的。他們在招收員工時，對員工的素質有很高的要求，新員工上班要進行培訓，老員工每天也必須抽出一小時學習業務。不光麥當勞如此，國際上許多知名的大企業都非常重視員工的素質提高問題。日本的豐田汽車在創業之初，是憑藉著強而有力的銷售網路發展起來的，上千名擁有敬業精神的銷售員是其他汽車生產商無法比擬的。然而，隨著時代的發展，豐田也不得不相繼將那些雖然敬業精神堪為楷模，但知識層次已經落伍的老銷售員換下來，把一批經過專門訓練的大學生換上去，提升銷售隊伍的素質。

是否具有學習力？是否擅長學習？已經成為考察現代人能力的標準之一。

不斷學習可以為自己充電，獲取知識，補充「營養」，使自己「永不過時」，此外還可以放鬆心情，為緊張的工作舒緩壓力，從而保持長盛不衰的工作熱情。這一點對於「忙、盲、茫」的窮忙族來說，也許更為重要。或許有人會說：「我年紀大了，還學什麼？」「唉，天天挺累的，哪有時間讀書？」但下面的故事會讓你改變看法。

春秋時期，有一天，晉國國君晉平公對著名的音樂大師師曠說：「我都七十多歲了，想再學習已經太晚了，對不對？」

師曠非常聰明，他沒有直接回答國君的問話，而是說：「晚了嗎？那為什麼不趕緊點起蠟燭？」

晉平公覺得師曠無禮，有些生氣了：「我與你談論正經事，你怎麼敢隨便開玩笑？」

師曠認真地拱手說：「國君啊，我聽人說，少年時期刻苦好學，就像是早晨剛剛初升的太陽，前途一片光明；中年時努力攻讀的話，就像是烈日當空一樣，雖然只有半天時間了，依然光芒四射；到了晚年才開始學習，這就像是燭光，雖然無法與太陽相比，但是比起在黑暗中盲目地亂撞，效果要好得多啊！」

晉平公聽了這番話，不斷地點頭稱是。

學習永遠不嫌晚，只要你想學，一定可以抽出時間。從現在開始，在自己的時間計畫中，每天抽出十幾分鐘，或者每週安排一次讀書時間，到了月底時檢查一下，是否完成了學習目標，取得了哪些方面的進步和樂趣。

下面我們簡單建議一下可以選擇的書籍，以及讀書的方式。

第一，選擇自己喜歡的書。

書籍會顯現一個人的品味、習性乃至工作態度，就像螞蟻，靠分泌出一種特有的氣味，可以傳遞訊息，判斷對方是不是自己人。所以，讀什麼樣的書最能表現一個人的生活狀態。

作為一名忙碌的工作者，如果能夠閱讀一下自己喜歡的書，不管時間長短，都會帶來意想不到的感觸和放鬆。從這裡出發，心情自然會得到改變，從而產生心理上的放鬆感，為工作減壓。

第二，閱讀專業性書籍。

如今現代化的企業，先進技術不斷應用，數位化辦公環境的方便與快捷，不但使企業進步發展，同時也不斷對員工提出了更新、更高的要求。舉個簡單的例子，如果你的部門進了一台新設備，你不學習有關它的各種知識，就無法正確操作和維護，當然也無法保證它安全平穩運行。如果你在辦公室裡工作，不懂電腦操作，就無法應用現代化的辦公系統，很多事情你就做不了，無法成為一名合格的員工。所以，我們必須要樹立終身學習的意識，做一名學習型員工，在工作中學習，在學習中工作，不斷提高自身的綜合能力，一方面為企業創造價值，一方面實現我們自身的人生價值和理想追求。

你要記得：

1. 學習是一種能力。
2. 學習為工作保鮮。
3. 學什麼？可以是自己感興趣的東西，也可以是與工作有關的知識。

6 掌握做事的節奏，提高效率和效能

不知你是否能熟練地運用電腦來做財務？如果是，那麼你的工作效率一定不會太低。

有家規模不大的物流公司，聘請了一位從大企業退休的財務人員做出納。這位老財務人員工作認真，一絲不苟，記錄和登記的帳目從來沒出過差錯。由於他不會使用電腦，每天都拿著計算機計算，忙的不得了。後來，他累出病了，公司只好聘用新出納。這位新出納年紀輕輕，人們見到她不免擔心：這麼繁重的工作，一個年輕小姐能做好嗎？幾天後人們就發現擔心是多餘的，她會操作電腦和列印系統，她一上手，工作十分輕鬆，效率提高了十幾倍。

同樣的事情，不同的人去做，效率相差很大，有些人很快就完成了，而且效果極佳；有些人忙得一團糟，累出一身汗，卻忙不出結果。觀察他們做事的不同點，我們會得到這樣的結論：掌握做事的節奏，就是決定效率的快慢與效能的高低。做事情就像游泳，順著水的節拍去練習，效果一定更好。

很多人抱怨工作太多，做不完，這時調整工作節奏就十分必要。做事情的節奏，就是做

事的規律。萬事萬物都是有規律的，只有認識它掌握它，才可能會發現有更好的方法去改造它。「日出而作日落而息」，就曾是我們人類勞動的規律。在日常生活中，按照規律去上學、工作、生活，會讓各種問題順利進展，這叫「在恰當的時間做恰當的事」。小孩子七歲該上學了，偏偏不讓他去，這就違背了事情的規律，那麼這個孩子將來的課業學習就很難正常。

研究發現，一個訓練有素的運動員和一個小朋友一起玩，結果不到半天，運動員累倒了，小朋友卻玩得正開心。因為小朋友按照自己的節奏在「玩」，而運動員被動地「配合」小朋友，所以特別累。這讓人記起一句話：「鞋子合不合適，只有腳知道。」工作好比鞋子，是否「合腳」，只有個人清楚。當你總是感覺累，覺得無法適應工作時，就有必要找一找節奏。

首先，任何事情都有輕重緩急之分，按照先後順序，分明地去計畫，一定可以讓事情更有條理。計畫時，可以採取兩種方法：一，限制數量；二，製作長期計畫和短期計畫兩種表格，計畫事情的先後、主次順序。透過限制數量，調整工作量來減少不必要的事務。然後根據計畫，從最優先的事情開始去做。

其次，按照計畫做事，在具體的實施過程中，多用腦少用腿，還可以發現一些提高效率的詳細策略。

第一，學會分門別類地處理問題。

海麗是公司高級主管，辦公桌上通常放著成千的便條、信函、推銷業務表。如何處理這些數不清的工作呢？她有自己的訣竅：分類。她將各種文件分成三類，第一類是需要立即處理的，第二類是重要的，但不需要緊急處理的；第三類是一些相對次要，可以抽空閱讀處理的。

要進行分類，就必須一件件地查閱這些文件，看看它們屬於哪一類，然後再具體處理。這裡我們強調其中的訣竅，拿起文件後必須一次就處理好：不論是信件、報告，隨手把它們放到歸屬的一類中，不要什麼都不做又放回去。也就是說，只要一拿起文件就馬上處理，盡量一次處理完，這是基本的原則。

分類的方式說明，每個人做事都有一定的安排，不要隨心所欲，這是快速處理問題的原則。這種方式可以幫助我們節省時間，從而提高做事的效率。你可能覺得看一封信不過幾秒鐘，或者幾分鐘，沒什麼大不了的。可是時間有限，當成千上萬封信堆在你的眼前時，你需要花費多少時間才能看完它們？

按照先後順序將事情分類，可以杜絕瑣碎和次要的問題，讓你集中精力解決重點，從而把握事情進展的節奏，讓事情有計畫地進行。在我們日常生活中，分類的方式十分常見，比如設計五個不同顏色的檔案夾，把所有的資料進行分類管理，一定可以節省很多時間。

第二，處理細節問題，盡量協調每一件事。

交響樂能否成功，不是哪個樂手可以決定的，它取決於整體的表演。我們做事情，就像是演奏一首交響樂，需要各個環節協調配合。

第三，讓事情有節奏地發展，還要懂得合理安排瑣碎的時間。

★吃早飯時，不要做其他任何事情。一日之計在於晨，早晨是美好的開始，有些人為了趕工作，早飯都不好好吃，時間久了，身體受不了，還談什麼工作和事業？所以專心地享受一頓美味早餐，才是正確的選擇。

★到達公司後，花費三到五分鐘簡略地思考一下當天的工作計畫，然後投入工作當中。

★午飯後休息十五分鐘左右，什麼都不要想，讓自己精力充沛。

★下午開始工作之前，再一次花費三分鐘左右的時間，思考當天工作完成的情況，以及下午該做的工作。

★下班後，讓自己徹底放鬆二十分鐘左右，這可以讓你在晚上繼續充滿活力地工作二至三個小時。

透過上述幾個方面去努力，根據自己的節奏、能力和條件，不要試圖追趕什麼、超越什麼，相信做事情的節奏會逐步趨向正常，效率也會越來越高。

陳先生決定創業後，將自己的創業計畫分解成三個步驟，第一是尋求投資者；第二是建立創業團隊；第三進行市場開拓。在每個大步驟下，他又仔細地提出了若干小步驟。

按照計畫行事，陳先生在與二十位投資者聯絡後，終於得到一百萬投資。公司註冊了，不到三個月時間，就研發出擴視器等幾類產品。陳先生帶著這些產品參加國際博覽會，獲得了第一批訂單。從此公司步入正軌，訂單越來越多。談起自己的成功，陳先生說：「做事要有條理，善於把複雜的事分解成具體、簡單的步驟，要有節奏，這樣做事才有效率，容易成功。」

你要記得：

1. 任何事情都有節奏。
2. 按照節奏做事，分清輕重緩急，主次先後。
3. 協調每一個細節，掌握自身節奏。

四方輻輳：提綱挈領，綱舉目張

1 面對辦公室的繁瑣雜務，學會與主管步調一致

在職場奮鬥，每個人都少不了煩瑣的事務糾纏，哪怕你計畫得再好，也「計畫不如變化快」，上司說不定什麼時候就會分派給你新任務：跑一趟郵局、給客戶打個電話、訂一下明天的機票……辦公室裡的雜務實在太多了，趕都趕不完。

如何做一名辦公室高手，輕鬆自如地應對紛繁複雜的工作呢？與主管保持步調一致，是一條非常有效的原則。

日本著名企業家松下幸之助先生有個習慣，在空餘時間經常會巡視一下自己的公司。

有一天深夜，松下先生在巡視時看到有間辦公室還亮著燈，頓時感到有些氣憤：「這是浪費，我絕不會饒恕！」他以為員工下班後忘了隨手關燈。帶著這樣的想法，松下先生走進辦公室，可是讓他意外的是，辦公室裡面還有人，一個女員工正在忙碌地打字。

松下先生走過去，有些不滿地說：「在我們公司，並不鼓勵疲勞工作。」

「對不起」女員工沒想到總裁光臨，連忙回答：「董事長，因為臨時加了一些資料，所以我打算做完了再回家。」

「為什麼不等到明天再做呢？」松下先生的語氣緩和了很多。

「是這樣的，」女員工回答，「主管小泉先生習慣每天早上看當日的資料。我想我今天做完了，明早小泉先生就可以及時看到這些資料了。」

松下聽了隨即被感動了，他意味深長地說：「能以上司的工作習慣來指導自己的工作態度，這不僅是一位忠誠的員工，更是一位出色的員工，懂得與上司保持步調一致的重要性。」

不久，這位女員工被提拔為松下的助理。此後，「與上司保持步調一致，並絕對地忠誠」成為松下公司的企業文化，傳承下來。

這個世界不僅需要最好的領導者，更需要優秀的追隨者。任何人的工作都需要上司的支援，這樣才可以獲得所需的資訊、資源和幫助。與上司保持步調一致，與上司建立良好的工作關係，可以幫你瞭解上司的目標、做事的風格、長處和弱點等；同時也可以更明白自己的需要、目的和風格。透過這種瞭解，會讓你和上司之間建立步調一致雙向期待的特點，如果能夠長期維持這種關係，經常向上級匯報工作情況，那麼工作起來就會更順手。

在工作中，你和主管形成了一種搭檔關係，你們兩人缺一不可，要想讓這個關係具有成效，做為下級工作人員，需要深入地瞭解自我，盡量做到與上級的步調一致。

麥迪是個有主見的員工，當上司做出某些決定時，他常常因為看法不同與上司辯論。可是這位上司從不輕易讓步，往往堅持己見，與麥迪鬧得不歡而散。

麥迪心想，明明是你錯了，為什麼不改正呢？於是，他把不滿轉化為犀利的言辭，對上司狠狠地抨擊，希望以此喚起上司的關注。

結果事與願違，上司變得更加固執。

麥迪為此非常鬱悶，他不知道問題錯在哪裡？

後來，在同事提醒下，他忽然有了醒悟：原來自己每次與上司討論，都像是參加辯論會一樣言辭過於激烈。這種做法很容易激怒對方，更何況對方是自己的頂頭上司。

有了這樣的認識，麥迪意識到想要與上司真正地展開討論，必須解決自己的心理問題，每次與上司討論時，一定要克制好自己的急躁情緒。如果雙方都不讓步，他就建議彼此暫停討論，思考一段時間後再討論。

透過這種小小的改變，麥迪發現情況發生了明顯改觀，他與上司能夠以更有效、更靈活的方法解決問題了。

知己知彼，尋找有利於雙方的工作風格，讓彼此的目標和期望更接近，這是與上司建立良好關係的好辦法。俗話說，疾風知勁草。很多人單純地以為只要「有了業績」，工作就很出色。殊不知，在這種心理作用下，他們忽視與上司的關係，做事散漫自由，很難瞭解上司的意圖，做起事來也就漫無目的，甚至錯誤百出。還有些人根本不清楚上司的目標，結果工作做了很多，卻都是做白工，毫無效果。

一位大師為了尋找可供使用的器皿，來到一個擺滿各種器皿的架子前，只見各式各樣的器皿琳琅滿目，令他目不暇給。

在眾多的器皿當中要挑選哪一個呢？為了展現自己的優點，器皿們爭先恐後開口。

最為昂貴的金盞首先傲氣十足地喊到：「選我吧！我最貴重！我美麗的光澤和昂貴的質地，足以令所有的杯盞相形見絀，自愧弗如。相信我，大師，您的身分配上金盞，再合適不過！」

大師未置可否。

這時，又高又細的銀鼎搶著恭維說：「親愛的大師，我非常願意為您效勞，我將為您盛滿美酒陪伴在您的身邊，我的線條優美流暢，我的雕刻栩栩如生，無論在觥籌交錯的宴會上，還是安靜溫馨的臥室裡，我都會一直讚美您，為您增添光彩。」

沒等銀鼎說完，一個口大腹淺，光亮透明的玻璃杯熱情地招呼大師：「來！來！來！我就知道你會選擇我、重用我。將我放到你的桌子上，讓所有的人都來欣賞我，仔細看看我吧！沒有人不誇讚我像水晶一樣透徹，我透明的外表使我心中所有的東西都一目了然，盡收眼底！儘管我有易碎的缺點，但是我確信，我會給你帶來無窮的快樂！」

大師一言未發，他來到一個外表平滑，有著精美雕刻的木盤前，看到它穩穩地站在架子上。

木盤說：「你可以選擇我，但是，不能用我來裝麵包之類的俗物，只能盛清雅的水果。」

大師似聽非聽，他的眼光突然被架子下方的一個陶碗吸引了。

陶碗的外表很平常，一道裂紋自上而下，碗裡落滿了塵土，靜靜地躲在那裡。

大師臉上露出喜悅的神色，他高興地拿起這個陶碗，自言自語道：「這正是我希望找到的東西，只需將它清洗乾淨，修補好裂紋，它就會實實在在為我所用。我不需要太自大，自以為了不起的東西；我不需要心胸狹窄，只會甜言蜜語阿諛奉承的東西；我不需要長著一張大嘴，肚子裡什麼也藏不住的東西；也不需要總是提出過分要求，對我比手劃腳的東西。這件看似普普通通，卻能隨時滿足我的用途的陶碗，才是我真正所需，才是我的最佳選擇。」

不清楚大師所需，不知道大師的目標，金盞、銀鼎、玻璃杯、木盤雖然具備各種優勢，還不遺餘力地誇耀自我，但是它們都不會被選中。

這個故事提示我們，想要與上司保持步調一致，就必須瞭解上司，並且傳達給上司有效的資訊，彼此互動。

我們可以從三個方面去留意和學習：

第一，及時彙報工作情況。

做任何事情都需要溝通，在工作中，上下級之間需要就一些問題達成一致的共識，比如下屬的主要任務是什麼，任務完成計畫等。如果下屬不能隨時呈報自己的想法，主管不能及時收集到有用的資訊，就不能隨時處理各種問題，這樣發展下去，問題會越積越多，最後不可收拾。

第二，忠誠做事，答應的事情一定要做到。

許多人並非不誠實，可是他們會不由自主地隱瞞一點真相，或者有意把一些問題淡化，如果不能給上司準確的事實真相，勢必影響他做出決斷，進而危害到工作。

第三，切忌浪費上司的時間和資源。

有些人為了個人利益，或者莫名其妙的事情，無所顧忌地占用上司的時間和精力，卻渾然不知問題的嚴重性。在這裡我們提醒各位，與其浪費上司的時間，不如閉嘴做事！

你要記得：

1. 與主管保持步調一致。
2. 瞭解主管的做事風格、特點，以及目標等。
3. 隨時與主管溝通，讓有用資訊及時傳達。

2 不做應聲蟲，也不要為客戶「擦地板」

與主管保持步調一致，是不是要聽從他的任何命令，不計條件地去執行和完成呢？這種想法是錯誤的。與主管保持步調一致，目的是為了讓工作順利，提高工作效率，所以學會辨認「亂命令」，有選擇地去完成任務，才是正確的做法。

對於在一線的工作者來說，主管所做的決策並非無懈可擊，完全正確，做為具體業務的承辦者，你比主管更清楚一些細節問題，這很正常。當你發現這些值得商榷的地方時，一定要大膽地質疑。

但質疑是有條件的，它不是否定，更不是打擊，最好在主管做出決策前，先與主管進行充分的溝通，把你掌握的資訊全盤托出，讓主管根據資訊重新考慮；在質疑主管的決策時，最好附帶著提出自己的想法和意見，以供主管參考。

有一個大財主，非常喜歡與人比較，看見別人有什麼，他一定也要想方設法擁有。

有一次，他去另一個財主家做客，看到他家住在華廈的二樓，非常氣派，當即想道：「樓房占用的土地不多，可是房間很寬敞，看起來比我住的平房豪華多了。我比他有錢，為什麼我不能住在比他好的房子裡呢？」

財主回家後，立即召集手下的人找來附近最好的工匠們，讓他們即刻動手建造一座三層樓房。他允諾說：「蓋好了三層樓，我會給你們每人一大筆酬金。」

工匠們高興地領命行事，日夜不停地施工了。時值炎炎夏日，太陽火辣辣地照射著，可是工匠們做得很起勁，他們盼望著：「蓋好了樓房，就有一大筆錢，可以過上好日子了！」

他們挖地基，砌石牆，做得有聲有色。這時，財主來視察工作，看到工匠們的傑作，突然大喊：「停下！停下！我哪有讓你們這麼蓋了？我只要第三層，不要下面的兩層！」

工匠們一聽全愣住了，空中樓閣怎麼蓋？沒辦法只好就此罷手。眼看著做完的工作成了一堆廢墟，當然領不到財主的一分工錢。

不能辨認「亂命令」，工匠們付出了汗水卻毫無收穫。如果他們在蓋房子之前就能弄清楚財主的意圖，並提出合理的建議，相信事情不會發展到這種局面。

在日常工作中，產生「亂命令」的原因有兩方面：

第一，下級缺乏主見，認為只要是上司安排的，就一定是正確的。

這個原因會導致什麼結果呢？下級不好意思拒絕上司，輕易承諾根本無法履行的職責，給自己帶來更多困擾和難題。對於這些人，他們應該明白，拒絕上司只是表面現象，真正的內涵是讓上司瞭解自己的真實狀況，讓上司可以更合理的分派任務。不然，上司會產生錯覺，認為你什麼事都可以做好，一旦你表示遲疑，便會認為你是消極應對。

第二，上司自我感覺良好，不允許下屬說「不」，甚至聽到「不」字就會發怒。因此，他們無法聽到來自下層的合理建議，常常隨心所欲地安排工作。

我們發現，很多人認為拒絕接受上司的「亂命令」，是非常困難甚至是不可能的事，所以他們被動地聽命於上司，工作重複、繁重，造成極大的浪費。常見的現象是，明明請來的是負責「諮詢顧客」，第二天卻變成「擦地板」，從動腦力變成動體力。動體力並不可恥，問題是花費大量時間去「擦地板」，會浪費精力和成本。這時負責該項專案的經理會不會發火？一旦他們發火，急著解決問題，親上火線，結果便會往往找不到問題的癥結，反而為了討好客戶，讓客戶牽著鼻子走。

不要為客戶擦地板。比如，明明做好了PPT，客戶卻要改成WORD檔，這個時候就要建議上司不要聽從客戶的「無理」要求。因為這是白做工，如果把時間浪費在這上面，別說一天二十四小時，就是四十八小時也忙不完。

當大多數人都在為客戶「擦地板」時，學會拒絕，是非常有效的工作方式。

首先，可以採取溝通的方法，和主管說明情況，比如「時間太趕，確定來不及處理這批資料」。上司一般會考慮這種建議，他也不希望問題到時候解決不了，影響與客戶的關係。

同時，還要與客戶溝通，明確告訴客戶，某些問題是他們應該解決的，你的工作只是幫助他，而不是替代他。透過這種方式提醒客戶，注意措辭並真誠交流，讓對方滿意。

其次，可以按照輕重緩急的原則制訂辦事的優先次序表，當上司安排一些無關緊要的任務時，就把這張表給他看，讓他做新決定時，能夠恰如其分地把工作安插到最恰當的位置。

這種做法有幾個好處：

1.讓上司自行決定，顯示下屬對他的尊重。

2.由於原來的工作有了統一的安排，新工作勢必影響原工作的進展，因此如果不是特別重要，上司是不會予以安排的；即便安排新工作，也將撤銷或者延緩原工作的部分內容。

3. 拒絕「亂命令」，可以避免上司誤認為你在推卸責任。

一旦拒絕了「亂命令」，個人就可以擁有更多空閒的時間，專心於自己認為重要和有興趣的事情，從而提高做事的專注度，並且有效地給其他人一些提示：不要隨便安排你任務，這樣你就能為自己爭取到提高效率的辦公環境。

最後，我們說拒絕「亂命令」應該從辨認「亂命令」開始，要想更清楚地判斷哪些有可能是「亂命令」，可以站在老闆的位置上看問題，你會發現有些問題很明顯不用去做，因此就算你夜裡加班做好了，第二天上司的想法可能已經變了，你白白熬了一夜。

你要記得：

1. 大膽質疑哪些是「亂命令」。
2. 不要讓「擦地板」耽誤正常工作。
3. 準備好做事的先後次序表，讓它提醒主管哪些事先做，哪些事後做，哪些事可以不用做。

3 凡事都有先後順序，永遠先做最重要的那件事

有一件事情常常讓我們感到不可思議：從早到晚都在努力工作，而且在一天結束時，也覺得當天十分賣力了，可是我們卻很難接近自己的目標，甚至離目標越來越遠。造成這個困惑的重要因素是做事時沒有把握住先後順序的原則。

我說過，任何事情都有輕重緩急，按照順序有次序地去做事，才是正確的選擇。

在工作中，往往令我們頭痛的不是工作量的多少，而是不知道有多少工作要做，先做什麼後做什麼。

理清工作思緒是第一個良好的工作習慣。當你走進辦公室，尚未坐在椅子上之前，你就應該想清楚今天有哪些主要工作，哪個是必須做的，哪個可以緩一緩，哪個先做，哪個後做。下班前收拾掉辦公桌上的報紙雜誌，不要讓雜亂的資訊干擾你第二天工作的思路，分散你工作的精力。

有一群烏龜生活在小河裡，過著自由自在的日子。

不幸的是，有一天牠們突然被一張大網網住了，成了漁民的獵物。

烏龜們被扔進一個大罐子裡，這個罐子不是很大，也不是很高，於是烏龜們紛紛張開爪子，手腳不停地趴在罐子的壁上，企圖爬出去。

可是，罐子很滑，牠們費盡力氣爬呀爬，不一會兒就跌落下來，摔得四腳朝天。

當牠們試了一次又一次都毫無成效時，大多數烏龜洩氣了，牠們唉聲歎氣：「完了！我們死定了！」

有一隻最老的烏龜，牠一直沒有任何舉動，靜靜地觀察著烏龜們的行動，這時忽然開了口：「夥伴們，如果大家想逃命，就不要蠻幹，聽我說，我們必須有組織、有順序地行動。」

聽到這些話，烏龜們重新燃起希望，牠們團結在老龜身邊，聽從牠的指揮和安排。

老龜說：「我們被關在了罐子裡，這種罐子十分光滑，單憑我們個人的力量，是很難出去的。我們應該學習人類蓋房子，一個爬到另一個的背上，一層層地增加高度，離罐口越來越近，這樣大家就可以一個個逃命了。」

烏龜們一聽，紛紛叫好。

可是，誰願意趴在最底下呢？

老烏龜自告奮勇，率先趴到罐子的底部，接著第二隻烏龜、第三隻、第四隻……烏龜們按照計畫，有條不紊地攀爬到了罐子口，一隻一隻逃走了。

最後，罐子裡只剩下老烏龜和另外兩隻烏龜，牠們該如何出去呢？老烏龜還真有辦法，牠命令逃出去的烏龜：「把罐子推倒！」外面的烏龜一起用力，一下子就推倒了罐子。

就這樣，老烏龜帶領所有烏龜成功脫險。

按照順序一個個爬出去，才是逃命的最佳途徑，只知道盲目地亂爬，最後只能徒勞無果。

查理斯．盧克曼從一個默默無聞的小職員，十二年內晉升為培素登公司的董事長，他的成功並非偶然和運氣。用他本人的話說：「就我記憶所及，我每天早上五點鐘起床，因為那時我的頭腦要比其他時間更清楚。這樣我可以比較周詳地計畫一天的工作，按事情的重要程度來安排做事的先後次序。」

可見，用科學的方法處理問題次序是他成功的重要經驗。

回顧我們在現實工作中，有幾人做到了按次序做事呢？

大多數人都有不按順序做事的習慣，因為人們寧可做那些讓他愉快，或者較為方便的事，而耽誤了重要事情。

哪些事情是最重要的呢？我們每天被各種事情包圍，好多問題看起來都是急需解決的，比如電話不停地響，某個客戶等著答覆，好像繁忙是工作的必然狀態。

其實，工作中我們常常犯一個錯誤：把緊急的事情放在第一位。緊急的事情並不一定是重要的，如果總是被緊急的事情糾纏，那麼工作就變成「救火」，隨時都在做著這些緊急卻不重要的事情，從而讓自己遠離最初的目標。

真正高效率的人是不會這麼做的，他們總是在做事情之前，就有明確的目標，讓這個目標不斷地提醒自己，哪些是重要的，哪些雖然緊急但不重要，以防止自己偏離正確的軌道，向著目標更快速地邁進。

商業及電腦鉅子羅斯．佩羅曾經說：「凡是優秀、值得稱道的東西，隨時都處在刀刃上，要不斷努力才能保持刀刃的鋒利。」他正是認識到了先後順序的重要性，並且告訴我們確定了重要的事情，事情也不會自動辦好，需要你花很大的力氣去做。

如何幫助自己識別事情的輕重緩急，讓重要的事情始終擺在第一位呢？

第一，要對自己做的事情進行評估。從目標、需要、回報、滿足感四個方面，綜合考察將要做的事情，認識它的重要性。

有位報刊的主編，在計畫自己的工作時採取歸檔的方式。他在每個月的前兩周用來寫評論，在這段期間內，他不會接受其他工作安排，他說：「如果這段時間內必須做其他事情，我也會隨身攜帶電腦，以便保證完成固定的評論工作」。總之一句話，他永遠先做最重要的那件事。到了第三、四周時，他安排其他活動，諸如演講。到了月底，他回覆信函，做一些公關聯絡的工作，並且計畫下個月的時間安排。

對他來說，每年的工作安排都是提前進行的，比如用幾個月時間寫作，幾個月時間開研討會，而且他每年都會給自己一兩個月的時間用於嘗試新奇的事物。正是這種有條不紊的計畫，讓他既可以創作出數量驚人的作品，又能在同行中擁有較高的支持率。

第二，把不必要做的事情，從日程表中去除；有些事情需要去做，但不一定非要自己去做，這時一定要學會委託他人。

第三，對達到目標所需要做的事情做一下記錄和整理，比如需要多少時間，哪些人可以提供幫助等。

當你按照重要性原則去做事，堅持一個月後，便會出現令你吃驚的效果，這時也許有人會問你：「你怎麼有那麼多精力啊？」「你做事情效率真高啊！」你心裡明白，達到這個效果的途徑並非增加精力，而是把精力用在了最需要的地方。

你要記得：

1. 按照事情的重要性進行先後排序，先做重要的。
2. 緊急的事情不一定是重要的，因此可以先放一邊，或者乾脆不做。
3. 事情重不重要，關鍵在看清它對目標的作用。

4 立即行動，不讓問題「過夜」

米爾斯定律指出：沒有任何工作繁重得不能一夜完成。

可是在工作中，我們總是會遇到種種的問題。有些人喜歡把白天做不完的工作拖到晚上，熬夜加班，這樣不僅會使自己的工作效率大大降低，對自己的身體健康也會造成很大的危害。

佛蘭克林．白吉爾是美國最成功的保險推銷員之一，他每天晚上都要做好第二天的推銷計畫，給自己定一個目標，如果完成不了，差額部分就會加到下一天，依此類推，來督促自己今日事今日畢。

我們既不會分身術，也不是超人，如何才能完美地完成當天的工作呢？這就需要養成嚴謹的工作態度和紮實的工作風格。

不要再為工作找藉口，你不想去做，再簡單的事情也會變得複雜，再容易的事情也會變得困難重重。

而腳踏實地做事，不怕麻煩和繁瑣，從小事做起，會形成良好的工作習慣。

愛迪生一生擁有千餘種發明，他的發明改變了人類的生活方式，對人類的發展產生了深遠的影響。他之所以能獲得這麼大的成就，與他紮實的工作作風、珍惜每一分鐘，以及勤懇是分不開的。

有一次，愛迪生在實驗室裡工作著，順手把一個沒上燈絲的梨形空玻璃燈泡遞給助手，讓助手量一量燈泡的容量。過了好長的時間，不見助手反應，愛迪生就問，「容量多少？」仍然沒聽見助手回答，他就轉頭看去，只見助手正拿著軟尺在精心測量。由於燈泡的形狀是梨形，比較特殊，不是規則的形狀，計算斜度、周長等就變得十分困難。

助手一邊測量，一邊趴在桌子上計算，費時費力，準確度還有差異。

愛迪生看了說：「時間！時間！怎麼花那麼長的時間呢？」說完，他走過來，拿起那個空燈泡，往裡面倒滿了水，然後交給助手說，「把水倒在量杯裡，馬上告訴我它的容量。」助手立刻讀出了燈泡的容量。

「這是多麼容易的測量方法啊！準確又節省時間，你怎麼想不到呢？還要去算，那豈不是白白浪費時間嗎？」愛迪生趁此機會教育他的助手。

助手羞愧地臉紅了，愛迪生繼續喃喃自語：「人生太短暫了！太短暫了！要節省時間，多做事情啊！」

務實、紮實、動腦、充分利用每一分鐘時間，成就了愛迪生一生無數的發明與一生的事業，也成就了我們今天豐富多彩的幸福生活。

做好工作，離不開紮實的作風，如果一味投機取巧，不肯付諸行動，再好的想法和計畫都會化為烏有。

管理大師德魯克曾經說過：在未來，你唯一的競爭優勢就是比人學習得快，行動得快。

立即行動，不給未來留尾巴。

一個人一旦養成不良的工作習慣，做事拖拖拉拉，推諉塞責，將很難做好任何一件事情。班傑明．佛蘭克林說：「千萬不要把今天能做的事留到明天。」我們總是習慣拖延一步去做事，好讓自己能夠享受最後一刻的安逸。可是在休息之後依然很難投入工作之中，一而再的結果是，拖延導致事情直接失敗。

相信很多人都有這樣的經驗，為了鍛鍊身體或者其他原因，下決心早上五點起床，可是鬧鐘響了，看看天色尚早，便對自己說：「再躺五分鐘吧！五分鐘以後也不晚」。五分鐘以後的情況如何呢？你不但沒有起床，反而繼續睡著了。然後你對自己說：「從明天開始一定要堅持五點起床！」可是第二天情況依舊如故，你的計畫就在一分一秒的拖延中化為烏有。

所以說，消滅拖延的藉口，是立即行動的第一步。

常見的藉口有：條件不夠成熟；已經來不及了；我最討厭這件事等等。

先說第一種情況，日常工作不是發射火箭，需要在發射之前準備好所有設備和程式，我們的許多工作不是等到條件齊備才開始的，那樣會喪失很多機會。比如，生產某種暢銷產品，如果等到材料備齊再生產，會錯失銷售良機，讓暢銷品成為滯銷品，所以這時應該一邊生產一邊籌集材料。如果我們總是以條件不夠齊備延誤工作，只會錯過有利時機。

第二種情況也很常見，總是有人這樣說：「不是我不做，而是做了也沒有用處，沒有什麼意義啦！」奉勸懷有這種消極想法的人聽聽亡羊補牢的故事：

莊辛是楚國大臣，他見楚王寵信佞臣，無視國事，就提醒他說：「您在宮內時，左右有州侯和夏侯相伴，外出時又有鄢陵君和壽跟君相隨，他們四人喜好奢侈淫樂，與他們在一起，您不理國政，這樣下去我們國家很危險。」

楚王聽了很生氣，責備莊辛：「你這是妖言惑眾，真是老糊塗了！」

莊辛並不害怕，他鎮靜地說：「微臣不敢妄加猜測，可是事情發展到這一個地步，我不得不說。如果您一直寵信他們，國家一定會遭殃的。這樣吧，既然您不相信我，請允許我去趙國躲避一些時日，以觀察事態發展。」

楚王同意了莊辛的請求，把他打發到趙國去了。

過了五個月，秦國果然派兵攻打楚國。楚王兵敗，被迫棄都流亡，到了趙國境內。

這時，他想起莊辛的話，後悔莫及，趕緊派人把莊辛找回來，向他認錯並請求對策。

莊辛非常誠懇地說：「國君啊，我聽人說看見兔子才想起獵犬，這還不算晚；羊跑了才知道修補羊圈，也不為遲。只要從錯誤中吸取教訓，從頭做起，一切都還來得及。」

任何補救行動都不會晚，相反地，如果消極地拖延，不去補救，那將會一錯再錯，最後只能走向失敗。

第三種情況令人感到為難，有些事情明明非常討厭，卻不得不做。比如清掃房間、洗碗拖地，有些人就不愛做。可是不做行嗎？不行，不做這些事房間會又髒又亂，讓人無法生活下去。遇到這種情況時，我們的辦法是提前行動，在產生討厭的心理之前把問題解決掉，不然越拖延，反感越強烈，也就越不願意去做。

立即行動，不要煩惱太多，並且盡快地完成，這樣既省事又省時，會提高做事效率。

透過以上三點分析我們看到，立即行動，不要讓「時間還多著」、「以後再說」這樣的藉口阻礙工作，不給自己留退路，讓自己保持工作的熱情和鬥志，可以提高做事的成功率。

魯莊公時，齊魯兩國在長勺作戰。

魯莊公打算擊鼓進軍，身邊的謀臣曹劌阻止說：「不行！」

齊國方面看到魯國沒有動靜，便命令士兵們擂動戰鼓。

鼓聲噪天，可是曹劌堅持不讓魯國軍隊擂鼓。

齊國沒有辦法，接連擂鼓三次。

這時，曹劌對魯莊公說：「可以擂鼓進軍了。」

魯國軍隊一鼓作氣，打敗強大的齊軍。

戰後，魯莊公詢問曹劌為什麼這樣做。

曹劌說：「作戰是靠勇氣的。第一次擊鼓會振作軍隊的勇氣，第二次擊鼓就會讓勇氣低落，第三次擊鼓時，士兵們的勇氣就消滅了。所以他們接連擊鼓三次，勇氣消失了，而我軍一鼓作氣，勇氣正旺盛，所以戰勝了他們。」

拖延會消耗人的鬥志，消磨人的熱情，難以鼓舞士氣，讓事情變得困難重重。所以，必須立即行動，在預定的期限內完成任務，是基本的做事要求。只有這樣才能抓住更多機遇，及時解決各種難題。

你要記得：

1. 立即行動，不為工作找藉口，找理由。
2. 踏踏實實做事，養成積極肯拼的工作風格。
3. 拖拖拉拉，永遠也做不完。

5 快速反應，做出有效決斷

有些時候我們非常渴望立即去做，卻很擔心做錯，這就需要快速反應，做出有效的決斷。不管問題重要與否，如果必須做決定，那麼就一定要當場決定，立即解決，雷厲風行，絕不拖延。

美國鋼鐵公司董事H．P．霍華德擔任公司董事期間，發現董事會總要花費很長的時間開會，討論很多問題，但最後落實的少，最後每一位董事都要抱著一大堆會議文件回家看。

針對這個問題，他說服了董事會，每次開會只討論研究一個問題，然後得到結論，做出決定並形成決議，不耽擱、不拖延。也許，得到結論需要研究大量的資料，但是在討論下一個問題前，這個問題已經解決，而不會使問題累積，積重難返。這個改革的效果非常明顯，很多陳年舊帳就此得到了清算，效率大大提高，董事們再也不用大包小包提著檔案回家了。這是提高效率的好辦法。

決斷是一個重要的能力，每個人都不可能去做所有的工作，也無法解決所有的問題。做出決斷，首先要認清哪些是自己職責範圍內的事情，不要忙著為其他部門提建議，也不要忙於額外的事情而誤了自己的工作。比如你是一級主管，要學會分攤責任，抓注要領，而不必鬍子眉毛一把抓。要學會組織、分層和監督，讓你所領導的整個團隊像一部高速運轉的機器，各司其職，各負其責，協調一致完成工作。

任何一次決斷都是在充分準備的基礎之上，快速地決斷也不例外。培養快速反應和決斷的能力，可以從三個方面留意：

第一，快速反應的意識。

必須充分認識到，不管任何事情，都不能拖延怠慢，這需要每個人在觀念上做好準備，防止反應遲鈍、杜絕工作不能及時完成等壞習慣。

第二，練好快速反應的基本功。

快速反應需要思維敏捷，快速地收集各種資訊，對各種複雜的情況進行快速地分析，並且區分輕重緩急，抓住主要矛盾和重要問題；然後就要做出果斷而明確的決斷，不能含糊，不能優柔寡斷，舉棋不定。

小亞細亞里弗里基國王戈爾迪，曾經在一輛牛車上打了死結，這個死結分辨不出頭尾，被放在宙斯神廟裡。

神發出預言：「誰能解開這個死結，誰就統治整個亞洲。」

這個死結被稱作戈爾迪繩結，多少年來無數智者勇士前往神廟，打算解開死結，然而都沒有成功。

後來，亞歷山大大帝東征波斯，有人告訴他這段傳說，並請他看了戈爾迪繩結。

亞歷山大大帝經過幾次嘗試後，忽然拔出寶劍，一劍將死結劈成兩半。

至此，無人能解的戈爾迪繩結終於被亞歷山大大帝解決了。

第三，快速反應的作風。

在工作中應該以快速反應的實際行動，逐步培養良好的工作作風。比如上司安排的工作，一定及時地付諸行動，形成高效快速的工作流程，避免拖拉延遲，喪失時機。

快速決斷展現出一個人的判斷、取捨、行動和修正的綜合能力。在我們身邊不乏有這樣的三類人：遇到問題就驚慌失措，不知所以；婆婆媽媽，瞻前顧後；出現了錯誤急著推卸責任，或者企圖遮掩隱藏。這些人毫無疑問都缺乏快速反應和決斷的能力，工作中如果有這樣的行為，應該堅決予以杜絕。不管發生什麼問題，都要沉著冷靜，努力想辦法解決；而且要有主見和擔當，這樣的人才會提高工作效率，得到上司賞識。

有位皇帝，兒子不幸夭折了，他悲傷欲絕，對站立在身邊的大臣問道：「你說，世上什麼事最苦啊？」

大臣親眼目睹皇帝的喪子之痛，據實回答：「最苦莫過於喪子。」

皇帝聽了這句話，以為大臣取笑自己，不由得勃然大怒，拍著桌案斥責大臣。

大臣嚇壞了，戰戰兢兢不知所措。

這時皇帝又問了一句：「你說，世上什麼事最難？」

大臣知道自己說不好，恐怕性命難保，可是不回答也是死路一條，情急之下他靈機一動說道：「回陛下，世上唯有說話最難。」

皇帝聽了，沉思片刻後饒恕了大臣。

大臣快速反應挽救了自己的性命，在於他抓住了皇帝的心思，說出了針對性的回答，如果他不能及時反應，遲疑不決，想必一條小命難保。

有人說，市場遊戲規則已經從「大魚吃小魚」變成了「快魚吃慢魚」，這一點用在工作中也是一樣的。猶豫不決，不敢決斷的人永遠無法跟上發展的步伐，搶占不到優勢位置，只能跟在別人背後，或者被數不清的「小麻煩」糾纏，結果理不出頭緒，導致做事雜亂無章。

你要記得：

1. 具備快速反應的意識，遲疑會誤了大事。
2. 當場決斷，不能患得患失。
3. 任何決斷都是在充分準備的基礎之上。

6 做「正確」的事情，而不是試圖把事情做正確

我們常常遇到各種誘惑，這時難免會問自己：「該不該接受？怎麼樣才能合理地接受？」在你試圖把事情做正確時，往往忽略了這件事本身是不是正確的。

以下是一個流傳甚廣的笑話：

妻子剛剛洗完澡走出浴室，就聽到門鈴響了。

這時，老公才開始淋浴，妻子只好圍著浴巾去開門。

門外站著鄰居鮑勃，沒等妻子開口，鮑勃就說了：「哦，要是妳把身上的浴巾拿下來，我會給妳八百美元。」

妻子猶豫了，她喜歡錢，可是要不要拿下浴巾，赤身裸體站在鮑勃面前呢？

經過短暫的掙扎，她決定犧牲自己，換取八百美元，她認為這樣做是對的，因為不會有人知道這件事，而她轉眼間就能賺到八百美元。

於是，她輕輕解開了浴巾。

鮑勃貪婪地盯了鄰居妻子的裸體幾秒鐘後，拿出八百美元遞給她，轉身走了。

妻子又困惑又興奮，她重新裹好浴巾，興沖沖地回到房間。

老公洗完澡，問她：「是誰敲門？」

「鄰居鮑勃。」

「哦」，老公問，「他有沒有還上次欠我的八百塊錢？」

妻子的教訓告訴我們：在你考慮如何做對一件事情時，一定要先考慮這件事情是否是對的。

在日常工作中我們總是希望每件事都做得非常好，非常對，可是我們做的事情本身是不是正確的呢？如果你不考慮這一點，難免會出現故事中妻子的窘態。所以，首先要做正確的事，而不是渴求把事情做正確。從人生規畫意義上說，儘管一個人一生做了許多事，而且也做得很正確，可是對他而言卻效果一般，他既沒有發財，也沒有功成名就，依然每日都在為了食衣住行操勞。而另外一個人，一輩子可能只做了一件事，卻讓他名利雙收，成就了不起的事業，或者過著衣食無憂的快樂日子。

為什麼會出現這麼強烈的差別呢？是因為前者終生都在為了把事情做正確而做事，而後者選擇了做正確的事。

工作中做正確的事，就是要選對目標，發揮自己的優勢，避免劣勢。培根說：「世界上不是沒有美，而是缺少發現美的眼睛。」同樣的道理，個人不是沒有優勢，只是沒有發掘利用，最後與成功擦肩而過。在這個世界上，細數每一位成功者，無不是把自己的優勢發揮到最大，甚至是極致。

天生我材必有用，每個人都有自己的優勢，有些人對數字敏感，有些人天生一副好嗓子，有些人喜歡運動等等。老虎．伍茲從小就在高爾夫球方面表現出天賦，三歲時打出了九洞四十八杆的成績，十八歲成為美國最年輕的業餘比賽冠軍。對他來說，排名世界第一不是奢望，而是發揮了自己的優勢。

發現自己的優勢，還可以借助外人的一雙慧眼。

李倫二十歲以前，夢想成為一名技師。他進入了技術學校，認真地學習各種知識。

然而，有一件事改變了他的人生。

有一次，他打算賣掉自己的唱片播放機和唱片，就寫了很多推銷信件，發送給自己的朋友們，看看他們誰願意購買。

其中有一位朋友看了李倫的信後，當即回信告訴他：「朋友，你的文筆流暢極了，很有說服力，讓我不得不買你的東西。依我看，你應該在這方面下功夫。」

這句話提醒了李倫，他意識到自己應該發揮特長，而不是跟著夢想走。於是，他放棄了技師之夢，投入廣告界，成為一名出色的廣告人。

發揮自己的特長，這是正確的選擇。當我們利用優勢做事時，還要記住規避自己的短處。世界著名球星麥克·喬登在一九九四年突然宣布退出籃壇，去從事棒球運動。儘管他千方百計想打好棒球，可是由於技術拙劣，還是讓追隨他多年的球迷氣得「當場暈倒」。後來，喬登不得不再次返回籃壇，憑藉自己的優勢和特長，重新獲得球迷認可。

著名管理學家彼得·德魯克說：「對於一個集團，需要克服的是『弱項定理』，而對於個人，不要想著努力去補齊弱點，而是應該去發揮自己的長處。」

兩位年輕漂亮的空中小姐，一位叫艾倫，一位叫莉莉。她們工作都很賣力，可是幾年後，兩人的生活出現了重大區別。艾倫依然是位空中小姐，每天忙碌地飛進飛出，卻難有加薪和升遷的機會。莉莉則不同，她擁有了自己的旅行社，成了一名業績不錯的老闆。

追究兩位空中小姐的不同人生，我們可以發現艾倫做空中小姐，只是為了多賺點錢，對工作本身興趣不大；而莉莉卻不一樣，她很喜歡自己的工作，而且希望將來的事業也要與此有關。心理懷著這樣的理想，莉莉每次到了一個新地方，都會主動去瞭解當地的人情風俗，還有一些旅館、餐廳的情況，並把這些資訊回饋給遊客。

由於工作出色，她被提拔到了旅遊行程部，在這個職位上，她瞭解到更多世界各地的旅遊情況和動態，幾年後她開辦自己的旅行社，也就是水到渠成的事了。

艾倫因為工作興趣不高，但是為了薪水，不得不每天忙碌。儘管她做了很多，可是與她一樣付出的空中小姐太多了，因此她被淹沒到人海中，只能在原地打轉。

你要記得：

1. 在你試圖把事情做正確時，往往忽略了這件事本身是不是正確的。
2. 做正確的事，就是要選對目標，發揮自己的優勢，避免劣勢。發掘利用自己的優勢，才能掌握人生的軌跡。
3. 規避短處，不要試圖補齊弱點。

五行八作：

只做行業狀元，不求事事精通

1 做大不如做小，做多不如做一個，重點要專一

很多人認為只有做大事才能有大成就，只有全方位武裝自己才能更成功，為此他們在多種行業間不停地選擇，不停地努力，不停地放棄，做了許多事，付出了很多心血，然而回報卻不盡人意。

趙先生是一家大公司的財務總管，工作本來做得有聲有色，但是來了一位新的副手後，他感覺到有壓力，於是忙著充電，以此鞏固自己的地位。他先是學電腦原理，進而學電腦程式語言，花費了兩年多的時間，終於使自己成為一個三流的電腦程式設計師。接著，他開始學習法律。可是，當他又耗費兩三年時間拿下法律的文憑時，他的副手早已超越了他取而代之。

一心想著有所突破，不惜花費時間和精力為自己「充電」，可是卻換來這樣的結果。我認為他的失敗在於忘記了一點：做事情要專一。

人生有限，不能把有限的精力集中利用，而是不停地分散精力，那麼花費的力氣越大，

離最初的目標越遠。工業革命帶來的最重要的成果之一就是專業化。聰明人早就發現，如果一家企業掌握好幾十種職業技能，往往不如精通其中一兩種的企業。因為什麼事情都知道一些皮毛，遠不如在某一方面做得更專業，理解得更透徹來得重要。

不管什麼時候，做一個合格優秀的人才，首先需要給自己定位，在這個位置上發揮自己的專業技能，認真處理好每一件事情，做好每一項業務，才是自己最大價值的展現，才是自己在業界、公司的立身之本。如果不從專業角度出發，認為自己能做好每個人所做的工作，以及能為所有人做任何事情，那麼一定會迷失自己的方向，失去自己該有的位子。

如何做到專一，可以從以下入手：

第一，選擇適合自己的行業和職位，不能貪心求多。

有一件事非常明顯，在現代企業裡，一個專業工程技術人員遠比一個會開車、懂外語，以及熟練電腦操作的招待員重要得多，也有價值得多。所以找對自己的位子，確定自己的優勢和專業，才可以讓英雄有用武之地，施展各自的拳腳，打下一片地盤。

第二，不要面面俱到，什麼事都想做。

一個人是不可能樣樣精通的，只有專心於某個行業、某個位置、或者某種特長，並想盡辦法極力發揮自己的優勢，才會讓自己無法替代，無法超越，永遠立於不敗之地。曾國藩說：「凡做一事，必須全副精神注在此一事，首尾不懈。不可見異思遷，做這樣，想那樣。坐這山，望那山。人而無恆，終身一事無成。」我們平時常說做一行愛一行，就是這個道理。

養叔是春秋時候楚國的射箭高手，據說能夠百步穿楊，百發百中。

楚王非常羨慕養叔的本領，就請養叔傳授自己射箭的秘訣。

養叔知無不言，將自己的射箭心得全部教給了楚王。

楚王在名師指導下，經過一段時間的辛勤練習，覺得箭術十分高超了，暗暗得意。

有一天，他邀請養叔陪同自己到郊外打獵，好展示一下箭術。

打獵開始了，楚王命人埋伏在山林四周，然後一起吶喊著哄趕裡面的野獸。一群野鴨子首先受驚飛起，嘎嘎叫著四處亂飛。楚王拈弓搭箭，正要射殺野鴨子，忽然從山林左邊跳出一隻野山羊，倉皇逃命。楚王馬上掉轉箭頭，瞄準了野山羊，他想：「射中一隻山羊，可比射中一隻野鴨子厲害多了。」就在他思忖時，右邊突然跳出一頭梅花鹿。梅花鹿驚慌失措，不知往哪裡逃命。楚王被健美的梅花鹿吸引了，他又掉轉箭頭，心想：「梅花鹿可是少見的肥美野獸，射中牠才算厲害。」

當楚王準備射殺梅花鹿時，就聽大家一陣驚呼，一隻雄鷹從樹林裡呼嘯飛出。雄鷹可是難得的獵物，誰要是射中牠，那才能顯現出箭術的高妙！楚王立即將弓箭對準了雄鷹。然而，雄鷹的速度何其迅速，就在這一剎那間，牠已經飛上了高空，看不見蹤影。

看不到雄鷹了，楚王只好回過頭來射擊梅花鹿，可是梅花鹿也不見了；楚王只好再去找野山羊，野山羊也早就跑了。無奈之下，楚王打算射獵野鴨子，可是野鴨子們也已消失得無影無蹤。

可憐的楚王拿著弓箭比劃了半天，竟然一隻獵物也沒有射到。

這也想做，那也想做，東一榔頭西一棒槌，結果就是一事無成，「專一」是一項困難的功課，卻是通往成功的必經之路。學生只有專注於學習，聽好課做好作業，才能學好知識；員工只有專一地工作，處理好手邊的每件事情，好好答覆客戶的每個疑問，才能做好工作。

一個人不可能靠不停的轉行走向成功，也不可能進入一個行業就是佼佼者。在快速變化的現代社會，很多人無法把握做事要專一的原則，他們被各式各樣的事情誘惑，試圖一夜致富、一舉成名的人越來越多，從而渴望做大事。殊不知，這種想法會干擾你的心神，浪費你的精力，讓你一事無成。

要做好事情，必須具有持之以恆的決心，並將之付諸實施，養成做事專一的風格。

這裡有幾個方法值得一試：確定目標；然後以連貫的行動執行計畫；排除各種負面影響

和暗示；與積極向上、鼓勵自己的人交朋友，督促自己堅持下去。

無論做什麼事，先有目標，並且不要隨便更換目標，見異思遷。

西方哲人說：「與其花時間去掘許多淺井，不如花一生的時間去掘一口深井。」古今中外無數的成功人士已經向我們證實，做事貴在一個「專」字。多給自己積極的動力，哪怕事情失敗了，也不要一味抱怨和悔恨，而是多去尋找原因，尋找更好的途徑，想辦法實現目標。

你要記得：

1. 給自己定位，不要貪大求多。
2. 不要隨意轉行或者計畫。
3. 不要面面俱到，關鍵要專一。

2 練出自己的絕活，在喜歡的領域下功夫

做一行愛一行，是我們常常掛在嘴邊的話。可是道理好講事難做，我們選擇了工作，哪怕是喜歡的工作，隨著日久天長，也會逐漸產生厭倦情緒，無法永遠保持對工作的興趣和熱愛。這個時候，有些人難免有了新想法，渴望工作能夠有所變化，或者尋求新的事情來做。

一旦產生這種想法，工作往往會變得難做起來，不是這裡出毛病，就是那裡出問題。這是因為缺乏了專一的心態，不再安心做事，導致問題叢生。要解決這個問題，還是要從心理上下功夫，提高工作熱情，認識到專一做事，是練就絕活的基礎。

北宋年間，有個叫陳堯咨的年輕人，練就一手射箭的絕活。

有一天，他在自家後花園練箭，十有八九都能射中，旁觀的人紛紛拍手叫絕，陳堯咨也很得意。但是觀眾裡有個賣油的老頭不以為然，只是略微點點頭，表示認可。

陳堯咨看了很不高興，走過去略帶訕笑地問：「你會射箭嗎？我射的水準如何？」

老頭不識抬舉地回答，「我不會射箭，你射得很準，但是這並沒有什麼奧秘，只是手法

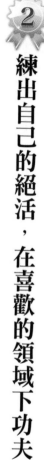

熟練罷了。」

陳堯咨自尊心受到了傷害，又不便發作，就追問老頭：「你有什麼本事啊？亮出來讓大夥瞧瞧。」

老頭也不示弱，掏出一枚銅錢蓋在盛油的油葫蘆口上，用勺子舀了一勺油，高高地舉起，倒向銅錢中間的小孔，只見一條細細的線穿過小孔，流到了葫蘆裡，整勺油倒完，未見銅錢沾上一滴油。

觀眾見狀，嘖嘖稱奇。

老頭抬頭對陳堯咨說：「我也沒什麼獨特的奧秘，只不過是手法熟練而已。」

熟能生巧的故事告訴人們一個簡單的道理，沒有笨人，只有懶人，只要勤學苦練，天下沒有掌握不了的技藝，沒有練不成的絕活。

何謂絕活？是指最拿手而且獨具特色的本領。幾乎人人都渴望擁有一項絕活，憑藉它縱橫天下，名利雙收。確實，絕活會為人帶來很多好處，比如現代社會中湧現的各類專家，包括技術專家、管理專家等，都是靠自己的絕活吃飯。

為什麼絕活如此吃香呢？打個比方說，你打算做某件事，一定要有某項關鍵技術，可是你沒有這項關鍵技術，又無法從別人手裡買來，這時你就只能放棄，再怎麼堅持也沒用。這就像一家企業，必須具有自己的核心能力，缺乏核心能力，會逐漸倒閉。一個人也是如此，沒有核心競爭力，一輩子只能拿死薪水。

如何掌握一項絕活？除了熟能生巧外，從興趣入手，在自己感興趣的領域下功夫，是非常重要的一條途徑。

有位先生從小喜歡打電動玩具。當時電動玩具都是英文版，需要一定的英語基礎。可是他沒有學過英語，根本不認識幾個字母。然而電動玩具如此強烈地吸引著他，讓他無法放棄。於是這位先生在摸索中練習，不斷地玩，過了幾年時間後，他不僅成為打電動玩具的高手，而且在英文、ＩＴ技術方面取得了無人能及的專長。

這種因興趣而產生的絕活，最容易成功。但是大多數人並不知道自己的興趣在哪裡，或者在工作中容易迷失方向，逐漸失去興趣。這個時候就要不斷摸索、學習和工作，找到一兩種值得鑽研的興趣，逐漸把它們發展成為絕活。

每個大廚都有拿手的料理，職場、商場、生活中的高手也都有自豪的本事。

比如公司主管的絕活就是管理能力，懂得讓每位員工都擁有各自的特長。

這時可以做以下的工作：

第一，在企業內部養成人人愛深入研究，人人苦練本領的氛圍，鼓勵人們勤學苦練。設定獎勵制度，對有一技之長的人給予特殊獎勵，發揮示範和帶頭的作用，激勵員工們做良性競爭。

第二，引導員工展開苦練技術和業務競賽的活動，使員工的技術水準和工作能力不斷提升。

比如撥出幾小時熟悉業務、苦練技術，只有這樣才能在熟中生巧，工作才能精益求精，得心應手。技藝純熟了，處理工作，解決難題，就會省時省力，事半功倍。

不管是誰，需要練就什麼樣的絕招，都離不開三心：專心、虛心和恆心。專心指的是集中精力去練，不能浮躁、不能投機取巧；虛心指的是謙虛謹慎，多求教、多學習，從各方面啟發自己的思路，激發靈感，並且活學活用；恆心，指的是長期堅持，不能見異思遷，三天打魚兩天曬網絕對練不出真本領。

你要記得：

1. 要有自己的絕活，最好在感興趣的領域上下功夫。
2. 熟能生巧，練好絕活。
3. 專心、虛心和恆心，是掌握絕活的三要素。

3 經營自己的長處，從一招鮮到一招先

俗話說：「一招鮮吃遍天下」，說出了一技之長的好處。確實，經營自己的特長，在感興趣的領域下功夫容易獲得成功。佛蘭克林說：「寶貝放錯了地方就是廢物」，正是這個道理。成功者無不是擅長經營自己長處的高手，他們把長處發揮到極致，而不是斤斤計較可以賺多少錢、會有哪些損失等。他們充分發揮自己的潛能，成為所投身行業的佼佼者。

弗朗克畢業於西點軍校，是一名年輕的軍官，不幸的是，在一次軍事演習中，他的左小腿被手榴彈散片炸傷，不得不做切除手術。

失去了一條腿，弗朗克似乎只有等待退伍的命運。更讓他難過的是，他再也不能像從前那樣打棒球了。

為了打發苦悶的時光，弗朗克還是常常打棒球。由於自己缺了一條腿，他只能用棒擊球，讓隊友替自己跑壘。

有一天，弗朗克在擊出球後，忽然想到自己不能總是依靠別人跑壘，他要嘗試一下改變

自己的缺陷。於是，弗朗克推開了隊友，忍著疼痛，用義肢一拐一拐地跑起來。

在他到達一壘和二壘中間時，對方球員已經接到了球，並且朝二壘方向投去。弗朗克知道自己無法追趕上球了，於是做出一個動作：他閉上眼睛，頭朝前向三壘滑去。

成功了，耳邊響起裁判員喊出的「安全」口令，弗朗克露出微笑。

弗朗克不僅在賽場上證明了自己，還保留了自己在部隊中的地位。

有一次，他主動請命帶領隊伍演習，在地形複雜的地區，演習十分圓滿成功。因為出色的能力，弗朗克得到升遷，這時的他與常人無異，還能跑步。

許多人對於弗朗克創造的奇蹟感到驚訝，不免追問他成功的原因。弗朗克告訴大家：「沒有了一條腿，這是缺陷。可是缺陷是否會限制一個人的發展，要看個人如何對待和處理它。我認為盡量發揮自己的長處，不要念念不忘自己的缺陷，這才是做事的關鍵。」

忽略缺陷，發現自己的長處並善於經營，是一種聰明的做事方法。這個世界上沒有完人，每個人都有許多缺點，如果糾結於此，則會阻礙發展和進步，什麼事都做不成。因此，不去注意缺點，而是像弗朗克一樣去經營長處，發展特長，便自然會得到最大程度的發揮。

事實證明，只要你有特長，哪怕你的特長只是比別人的聲音大，也會有你發光的機會。

戰國時期趙國名士公孫龍，手下聚集了很多有特長的門客。

某一天，有個穿得破破爛爛，衣不蔽體的人，來到公孫龍門前，要求見他，並向他推薦自己說：

「我有一個特別的本領，就聲音特別大，善於叫喊。」

公孫龍收容了他。

有一次，公孫龍出門遊玩來到一條河邊，渡船在對岸，離得很遠，根本無法召喚過來，大家都很著急。

這時，公孫龍忽然想起那個善於叫喊的人，就讓那個人對著渡船大喊大叫，果然，船夫聽到了他的喊叫，就過來把公孫龍一行人接過了河。

這麼簡單的特長，也有用武之地，如果我們從自身長處出發，刻苦經營，一定可以獲取一技之長。

中國有句話叫做「一招鮮，吃遍天」，指的就是身懷絕技的人，可以憑著過人的一招，走遍天下有飯吃。特長能夠幫助我們做事成功，「一招鮮」具有事半功倍的效果。然而，在資訊社會中，技術很容易模仿，如果不能走在別人的前頭，再好的特長也可能被「山寨化」，從而失去應有的價值。

這時，我們看到一招鮮似乎已經不夠了。

在高手如雲的餐飲業生存和發展，一招鮮是不可或缺的重要手段。許多飯店餐館都打出

「某某招牌菜」、「特色服務」來招攬客人。

有位餐館老闆，靠特色火鍋起家，在苦練一招鮮的同時，他體會到「比別人看得遠」的好處，不僅追求一招鮮，還強調招招先，每次出招都搶在別人前頭。

當大家都在比價格時，他提前強調特色；當大家都在追求特色時，他已經提倡服務了；當大家都注重服務設施時，他又開始宣導綠色健康飲食。透過這種領先別人的方法，他的經營策略屢戰屢勝，打造了品牌企業。

在品牌經營中，這位擅長跑在前頭的老闆也不甘落後，他先後推出中高低價的特色菜。這時的他已經將目光投向多方面經營，推出美食網，並且與農民合作，建立了附近最大的有機農業專案。

經過招招先的經營，這位火鍋店老闆已經擁有七十多家連鎖店。

靠特色起家，在競爭面前果斷地採取更新的經營策略，步步走在別人的前頭，無疑增加了自己的競爭力。不管我們做什麼事，如果能夠提前一步，先別人而動，就會贏得先機。足球比賽中，攻防雙方如果誰判斷對了球的方向，提前行動，就容易控制住球。

提前行動，應該在自身的優勢基礎上，做出準確判斷，不要把寶貝放錯了地方。

你要記得：

1. 經營自己的特長，一招鮮吃遍天下。
2. 每個人都有自己的特長。
3. 一招鮮已經不夠用了，還要學會一招先，走在別人前頭。

4 清理大腦，專心做事排除干擾

許多人都在抱怨：「我也想專心做自己的事，可是沒辦法，事情太多了！」我們每個人都是被七情六欲操縱，不可能生活在真空當中，只與自己的行業打交道，只想著做自己所投身行業的狀元。我們既然是社會一員，難免會與各行各業的人來往，產生各式各樣的關係，甚至受到種種的牽絆。

當遇到這種情況，不知道該如何對待時，我們不妨聽聽《小貓釣魚》的故事：

清早，貓媽媽對小貓說：「今天帶你去釣魚。」

小貓很高興，牠開開心心地跟著媽媽來到了河邊。

河水嘩嘩地流淌著，小河四周青草遍地，鮮花朵朵，真是美麗極了。

貓媽媽和小貓剛剛放下魚竿，忽然有一隻蜻蜓飛了過來。小貓見了，立即跳起來去捉蜻蜓。蜻蜓非常狡猾，在小貓面前轉了幾圈，輕巧地飛過河面，飛到對岸去了。

小貓沒有捉到蜻蜓，回到媽媽身邊，這時媽媽已經釣了一條大魚。

小貓剛要蹲下來繼續釣魚，忽然一隻蝴蝶翩翩飛到了牠的面前。

蝴蝶真漂亮啊，小貓扔下釣竿又去捉蝴蝶。

蝴蝶可不好捉，牠一會兒高飛一會兒盤旋，不一會兒就飛入花叢不見了。

小貓兩手空空，回到河邊一看，媽媽又釣到一條大魚。

小貓好氣憤：「我怎麼一條魚也釣不到？」

媽媽回頭看著牠說：「總是三心二意，當然釣不到魚了。」

小貓明白了，牠蹲下來專心釣魚，蝴蝶和蜻蜓在牠眼前飛來飛去，牠就像是沒看見一樣，過了一會兒終於釣到了一條魚。

這則簡短的童話是我們從小就經常聽媽媽和老師們說的，主要是告訴我們應該專心做事，不要三心二意。這個道理很容易讓人理解和接受，然而實施起來卻困難重重，因為我們理直氣壯地說：「不是三心二意，實在是需要照顧的事情太多了。」對啊，既要照顧好家庭，還要做好工作，發展自己的事業，現代人確實非常累，生活甚至有些混亂。

是不是沒有辦法讓自己心思專注，不被外界干擾了呢？

其實只要清理一下大腦，你的思維就會清晰起來，各種問題也會變得明顯而確定，那麼做事的效率自然會提高。

如果你有清理房間的經歷，那麼清理大腦就變得很容易，首先一件件檢查房間裡的東西，看看哪些是需要的，哪些是不需要的，哪些需要清掃灰塵，哪些扔掉不用。當你按照次序做了清理後，房間內煥然一新，層次分明。大腦也是一樣，把一些事情從中清除，把一些必要的事情分成層次，然後按照輕重緩急去實施，工作就變得十分清楚明朗，而且簡捷迅速。

清理大腦，需要具有敢於捨棄的決心，一個人如果患得患失，將會讓自己背上沉重的包袱，對一些不可預知的事情過於關注，會讓自己身心疲憊不堪。特別是現代社會，資訊快速更新和傳遞，如果一股腦地接受它們，會嚴重干擾你的方向，讓你無法專心於自己的行業和工作。

有一段時間，哈佛大學的校長感覺工作過於沉重，壓得自己喘不過氣來。

怎麼辦呢？他向學校請了三個月的假，然後就離家出走了。

他對家人說：「不要問我到哪裡去，我會每週打電話給你們。」

校長說到做到，從此淡出了親朋好友的視線。

那麼他去哪裡了呢？

原來，他來到美國南部的鄉村，在農場中做事，在飯店裡洗盤子。

當他在田裡工作時，他和工友們背著老闆偷偷抽根菸，說幾句老闆的壞話，這讓他感覺到輕鬆高興。他完全不去想從前的一切，好像已經把以前都忘記了。農田的工作做完了，他去飯店裡洗盤子，可是他只做了四個小時就被解雇了。

老闆說：「老頭，你做得太慢了，我只好解雇你。」

當校長度完假期回到學校，回到自己熟悉的工作環境時，他覺得自己像是換了一個人，這裡的一切原來那麼親切，那麼榮耀。

清理大腦讓校長重新認識到職業的意義，在以後的工作中，他肯定會做得更出色，也更輕鬆，因為他擺脫了以前糾纏著他的各種雜事。

清理大腦，可以定期進行，就像清理電腦一樣，設置時間表，到時候就開啟清理模式，清掃不必要的資訊。如果忘記了清理，可以隨時補救。

清理大腦，會讓事情變得簡單，讓人更容易集中精力。

科安定律說：如果事情看起來很複雜，就會讓人失去興趣。從簡單入手，是激發人們以專心和耐心做事的有效方法。沒有人喜歡看起來一團糟的工作，這會讓他們不知道從何處下手。所以從大腦中清除無關緊要的瑣事，簡單做事，才是正確的態度。

我們常常看到一種現象：有些新員工今天進公司，明天就想得到提拔重用。這種人不懂專心做事的含義，他們只想借助公司這個平臺賺錢。實際上，公司和員工是一種相互關係，只有真心付出，與公司一起成長，才可能享受到應有的回報。

真心付出，就是專心做事無須他顧。想法多了，比如終日想著透過何種手段加薪、升遷，是沒有用的，關鍵是要行動，用行動證明自己的能力，拋掉雜念，一心想著如何把事情做快做好。當你如此行動時，你會發現不僅能出色的完成工作，而且機遇隨著增多，專業水準也在快速提升。還有什麼比這更重要呢？當你具備一技之長，能夠獨當一面時，不用說公司也會重用你。

專心做事無需他顧，說簡單也簡單，說難也很難，因為大多數人總是認為自己了不起，不肯從簡單開始。這就需要我們把自己的位置擺正，從簡單的事情開始，專心做出成績。

你要記得：

1. 清理大腦，讓問題更簡單明瞭。
2. 化繁為簡，做事注意力更集中。
3. 專心做事，無須他顧。

5

做事要到位，不放走任何機會

恰科是法國銀行大王，年輕時他曾經連續五十二次到一家銀行求職，當最後一次被拒絕時，他真是無法說清自己的感受，一臉無奈地走出了銀行大門。

在大門口附近的地上有一枚大頭針，恰科儘管失意到了極點，還是彎腰撿起了它。

第二天，恰科忽然收到了銀行的錄取通知書，這令他喜出望外。

到底是什麼改變了銀行的態度？原來董事長看到了恰科撿起大頭針的一幕，他認為恰科是一個心細如髮的人，在情緒極度低沉時都能如此細心，非常適合銀行的工作。

五十二次求職，抵不上一枚大頭針，這個案例讓我們想到，做事情不能太膚淺，不能淺嘗輒止，一定要做到位，做到真的發揮了實際作用，才會有成果。

做事是執行的過程，是去行動並達成目標的過程，如果有哪一環不能準確到位，敷衍了事，都會影響結果的實現。

我們說做正確的事與做對事，大體包括以下三層含義：

第一，我們選擇事情時，要選擇正確的，這樣才能避免各種損失和浪費。

第二，做對事，就是在有限的時間內，在現有的條件下，把事情做好、做對，不能出現差錯，這樣才是有效的。

第三，做對事，不給自己留下犯錯的機會，所以必須要求把事情一次做到位，不能有第二次。

可見，做事要到位，指的是做事情的成功率要高，而且每一件都能落實。要做到這一點並不容易，我們往往習慣於嘗試，遇到困難就會灰心，或者與預期不符就打退堂鼓。這些行為都會阻礙做事到位，達不到既定的目標。

做事要符合到位，首先需要具備熟練的業務常識，熟知事情的每個環節，清楚每個環節如何處理，處理到何種程度。光只是大致瞭解一些知識和經驗是不夠的，必須不斷地強化自己的專業知識和業務水準，提高個人競爭力，才能讓自己具備優勢，做起事情來得心應手，不至於臨場失策。

有這樣一個笑話，說起來很有趣：

有一天，牧師開車回教堂時遇到一位修女，他主動邀請修女搭乘自己的車子。

修女沒有推辭，上了牧師的車，而且入座後大方地翹起腳，將潔白美麗的小腿從長袍中露了出來。

真是太可愛了，牧師忍不住胡思亂想，差點將車子開到路邊的岩石上。他努力地克制自己，才終於將車子開回了大馬路。

控制好車子後，牧師伸出手偷偷地撫摸修女的美腿，並且怯怯地向上移動。

這時，修女忽然說了一句：「牧師，請問你記得聖詩一二九節嗎？」

牧師的臉一下子紅了，他囁嚅著道歉，將手移到了一邊。

可是美腿的誘惑實在太強大了，他的目光還是無法移開。

在幾次換擋之後，牧師的手又不由自主地滑向修女的腿，在上面摸索著。

修女又開口了，還是那句話：「記得聖詩一二九節嗎？」牧師只好再次道歉，並為自己的行為解釋：「啊，親愛的姊妹，人的肉體是多麼虛弱！」

終於到達修道院了，修女要下車了，她頗有深意地看了牧師一眼，然後轉身離開。

牧師迫不及待地趕回教堂，翻出聖經想看看聖詩一二九節到底是什麼。

只見聖詩一二九節是這樣寫的：走向前並尋求，再更深入一點，你會找到榮耀的。

雖然是個笑話，卻蘊含深意：對業務不夠熟悉，不能掌握業務常識，無法將事情做到位，就會讓你錯失良機。梭羅說過：「判斷一個人的學識，就是要看他主動把事情弄清楚的程度。」無論從事什麼職業，必須要做的事情就是精通它，只有掌握職業領域的細節，才可能將它做得精細到位。

做事要到位，還要給自己制訂嚴格的標準和要求。水溫九十九度，還不是沸水，必須添一把火，才能升高一度，成為開水。做事情就像燒開水，哪怕你費了不少力氣，做了九九％，如果剩下的一％沒有做，或者沒有做對，也有可能功虧一簣。許多老闆都會抱怨：「很難找到能勝任工作的人」。什麼是能勝任工作的人？不是那些具有出眾技巧的人，而是能夠盡職盡責完成工作，不偷懶不滑頭，將工作做到位的人。

一條街上有兩家賣粥的小吃店。兩家店鋪每天都是人來人往，顧客差不多，看起來生意都很好。可是奇怪的是，每天晚上結算時，東邊小吃店的收入總是比西邊小吃店的收入多。

這是什麼原因造成的呢？西邊小吃店的老闆決定派人探查究竟。

這位「特使」不辱使命，他走進東邊小吃店，服務員微笑著帶他入座，迅速地為他盛好一碗粥。

「特使」望著店內的陳設、碗裡的粥，覺得這些與西邊小吃店沒什麼區別。

就在他暗自觀察時，服務員開口：「先生，請問你要一個雞蛋還是兩個雞蛋？」

「特使」笑了笑，回答：「一個。」

這時，顧客逐漸多起來，「特使」的目光追隨著服務員的身影，穿梭在餐廳間，很快地他發現了問題，服務員為每位顧客服務時，都會問一句：「要一個還是兩個雞蛋？」結果，喜歡吃雞蛋的人大多要求兩個，不怎麼愛吃雞蛋的人也會隨口回答要一個。也就是說，不管哪位顧客，都有可能加雞蛋。

「特使」聯想到西邊小店的服務情況，顧客入座後，服務員會問：「要不要雞蛋？」結果顧客有要的，有不要的，幾乎很少有人要兩個。

一天下來，他們賣出去的雞蛋與東邊小吃店相比，要少很多。

做事要到位，就不能抱著敷衍了事的心態。從某種意義上來說，做事到位是給自己注入更多信心和勇氣。不信你可以比較一下，一位做事到位的人和一位應付了事的人的區別，後者一定是輕視自己的工作，甚至對人生也缺乏熱情，他以粗劣的工作，換取粗劣的生活。

做事要到位，還要善於抓住任何一個機會，並且不斷創造新機會。很多人抱怨自己沒有機會，得不到幸運女神關注。事實如何呢？這些人大多做事不夠認真，缺乏耐心和毅力，以「差不多」的心態對待任何事，想一想這種人怎麼可能獲得幸運女神的關注！相反地，那些做事到位的人，他們不肯放過一絲機會，堅持不懈地將事情做下去，在這個過程中機會自然降臨。

史蒂文斯是一個資深的電腦程式設計師，看到微軟公司在招聘程式設計師的消息後，他就滿懷信心地前去應徵。沒想到的是，面試時主考官問的不是程式問題，而是微軟公司未來的發展方向，關於這一點，史蒂文斯從來沒有想過，更沒有就這個問題思考過，慘遭淘汰也就在情理之中了。但是這次應徵，使他對微軟公司有了新的認識，他覺得微軟公司對軟體的理解符合未來的發展方向，讓他受益匪淺，為此他寫了一封信給微軟公司，表達自己的謝意。

後來，這封信被送到比爾．蓋茲手中，三個月後，史蒂文斯收到了微軟公司的錄取通知書。

很多人想明白其中的道理，其實很簡單，是史蒂文斯謙卑的態度以及對微軟公司的信心，打動了比爾．蓋茲，使他獲得了比爾．蓋茲的青睞，而最後被錄用。

史蒂文斯不負眾望，十幾年後，憑著對事業的熱愛和執著，史蒂文斯以出色的業績被提拔為微軟公司的副總裁。

看見了吧？機遇無處不在，只不過它們青睞那些做事到位的人，而不是做事膚淺，馬虎輕率的傢伙。

你要記得：

1. 具備熟練的業務常識。
2. 給自己訂立嚴格的標準和要求。
3. 善於抓住任何一個機會去做事，並不斷創造新機會。

6 有效溝通，但不要輕易透露自己的底牌

據統計，現代工作中五〇％的障礙是由於溝通不到位所造成的。缺乏有效溝通會讓事情做起來充滿困難，讓人難以成為業界的突出人才，更別說頂尖的狀元。卡特初入金融界時，向自己的一些已經身居高位的同學請教如何得到老闆的賞識。同學告訴他一個秘訣：積極與上司溝通。

溝通是我們人類十分重要的生活內容之一，沒有溝通，上下級之間無法協調工作，夫妻之間無法有默契地過日子，朋友之間無法維持良好的關係。溝通，是同業間互相推動發展的方法，所以我們可以看到有各種行業聯盟與促進會。

隨著國際一體化，企業競爭對手越來越多，這時只有與同行交朋友，化敵為友，才能增強自己的實力。某些行業的大企業合併，就是最好的案例。溝通可以讓同行間互通資訊，抵制相關行業的欺壓行為。溝通還可以互通有無，降低成本，提高產量和效率。像是二〇〇八年經濟危機時，日本最大的晶片製造商東芝公司便是與NEC的晶片部門合併，收縮戰線，

保存了實力。

在競爭激烈的現代社會，有效溝通不僅是各行各業間掌握的技能，更是個人必須學會的技巧。同樣一個問題，可能會產生兩種辯論形式：普通人爭吵，高水準的人才會進行專家級溝通。爭吵只會讓事情進一步惡化，溝通卻可以解決問題，化解矛盾，利於事情的發展。

現實生活中很多人不善於溝通，不知道該如何溝通，還有些人簡單地以為「亮出自己的底牌」就是溝通，其實不然。

我們以員工與老闆為例，看看如何才能做到有效的溝通——

有位專長是財務、會計的女生到一家公司應徵，說實話，財務經理對她並不怎麼滿意，不過人力資源經理認為還是給她一個機會，就讓她暫時做客服工作。

這位女生的表現怎麼樣呢？結果讓人十分失望。她太內向了，不願意與人溝通，見到同事也不打招呼。這還不要緊，身為初入職場的新人，她還不知道向前輩們「請教」，對於上司安排的工作，即便不甚理解，也不會主動問一問。就這樣，她完全按照自己所瞭解的做事，常常與上級的意圖相差甚遠。最後，她浪費了人力資源經理為她保留的一絲機會，被公司辭退了。

不與上司進行有效溝通，是無法做好工作的。現代工作細節分化明顯，而且市場變化日新月異，為了適應發展，公司必須隨時做好調整的準備，說不定每天都有新變化，如果你終日「沉默是金」，對上司敬而遠之，遠離主流視線，不去主動瞭解新趨勢，這樣下去只會遭到淘汰出局。

有效地溝通，要從心理上鼓勵自己，不要怕事，不要回避，大膽地表達自己的想法和意見，並且及時聽取上司或者其他人的看法，收集有用的資訊，改善工作。

在這裡我們看到溝通是雙方的行為，第一要學會表達，就是如何說；第二要學會傾聽，就是怎麼樣聽。

要如何表達呢？首先溝通前應該確定自己的想法，最好簡單地計畫一下，提高溝通效率；其次要集中目標，明白自己的意圖和目的；還要注意溝通環境，防止影響溝通效果；溝通前要有心理準備，不要一味追求被人理解；表達自己的意見時，一定要注意方式與方法，聲調、用詞的選擇盡量準確合適。

從上述事項中可以看出，做為溝通當事人，表達的問題不一定是自己的「底牌」，而是一種策略和手段。

山陽君是國君的重臣，有段時間他察覺到國君對他起了疑心，卻又不敢肯定。

如何揣摩國君的心意呢？

山陽君想出一個好辦法，他故意散布謠言，說國君的一名近臣的壞話。這名近臣聽到這些言論，怒氣衝天，對身邊的人說：「山陽君真是不知死活，還有心情說我的閒話，你們不知道國君早就懷疑他了，他啊，快要自身難保了。」

透過這名近臣的話，山陽君探知了國君的真實心意。

精明過人的山陽君透過這種方法，沒有說出實情便得到了自己想要的東西，有效地展現出「溝通」的作用。

值得注意的是，溝通是為了提高做事效率，有利於事情進展，而不是自我檢討或是自我揭露。有些時候亮出「底牌」，反而不利於做事。比如員工希望加薪，找到老闆就說：「我想提高五百元薪水」，結果會怎麼樣呢？老闆肯定會非常反感。如果他能巧妙地提示老闆：「工作量增加了」，或者拿最近的工作業績給老闆看，結果會好得多。再比如，與經銷商洽談價格時，常常會遇到經銷商使出殺手鐧：「就這個價格了，行就成交，不行就算了。」這個時候你該怎麼做呢？不要輕易說出自己的「底線」，而是變被動為主動，不要輕易答覆他，試圖轉移到另一個話題，然後尋找時機繼續溝通。

除了學會「如何說」，溝通中更重要的是「如何聽」。不遺餘力地做一名「好聽眾」，溝通就成功了一大半。

溝通是平等的行為，不管對方是誰，都要給予熱情和耐心，才能有效溝通。當你面帶微笑地傾聽完對方說話後，即便你沒有任何答覆，他照樣會感到滿意。

你要記得：

1. 有效地溝通是大膽地表達自己的想法和意見。
2. 溝通前應該確定自己的想法，最好簡單地計畫一下，提高溝通效率。
3. 不遺餘力地做一名「好聽眾」，溝通就成功了一大半。

六問三推：世事在於推敲

1 多算多勝，人生就是加減乘除

我們常感慨世事難料，好像這個世界真的充滿了陷阱，稍不留心就會掉進去，成為他人的獵物。縱覽古今，仔細觀察一些是是非非，這樣的事情確實常發生。淝水大戰時，東晉大將謝玄在叔叔謝安的支持下獲得了全面勝利，正當他打算追擊前秦皇帝苻堅，一舉收復北方領土時，不料東晉皇帝聽信讒言，把他召回去了，統一北方的志願無法實現，這成為功敗垂成的典型案例。

在生活中，不管我們做什麼事，經常會遇到的困難不是如何做具體的事情，而是如何協調各種關係，怎麼樣籌劃。面對這個問題，《孫子兵法．計篇》中曾指出：「夫未戰而妙算勝者，得算多也。未戰而妙算不勝者，得算少也。多算勝，少算不勝，而況於不算乎？吾以此觀之，知勝負矣！」「算」，就是籌劃，透過籌劃提高執行力，提高成功率。

人生就是加減乘除，合理的、科學的計算才會得到正確的結果。不去計算，不去籌劃，試圖僥倖取勝，是不可取的。

一隻狐狸掉進了井裡，井很大很深，無論牠怎麼掙扎也爬不出來，只好乖乖地趴在裡面。

正當牠悲觀絕望、無精打彩的時候，一隻高大的公山羊出現在井邊。

山羊實在渴極了，看見狐狸悠閒地趴在井下，忙問井水好不好喝。

狐狸的眼睛一亮，一條妙計湧上心頭，牠說：「井水好喝極了，簡直是天下第一甘泉，清涼可口，甜美無比！」接著，牠低頭喝了一口，繼續說：「老兄，快跳下來吧，還等什麼，與我一起痛飲，共同分享這絕世美味吧！」

渴極的山羊根本沒考慮後果，聽信了狐狸的話，不假思索就縱身跳了下去。

當牠咕咚咕咚灌滿了肚子，抬頭看了看井口，頓時愣住，根本就沒有上去的出路。

狐狸看在眼裡，暗暗自喜，牠一副信心十足的樣子對山羊建議說：「我倒有個好的逃生辦法，你身材高大魁梧，如果你豎起身子趴在井壁上，我從你的背上跳上去，再拉你出去，我們就都得救了。」

山羊一聽覺得有道理，心想也只有這個辦法，就豎起身體，用前蹄牢牢地趴在井壁上，狐狸飛身跳上牠的後背，又快速跳上牠高大的羊角，縱身一躍，就跳出了井口。

這時，牠根本就沒有拉山羊兄弟一把的打算，只是回頭對山羊說：「我說老兄，如果你的腦袋像你的漂亮鬍鬚一樣完美，你就不會在沒有找到出路的時候就盲目跳井了。」

說完，狐狸揚長而去，把山羊老兄孤零零地扔在井裡。

沒有看清問題的癥結所在，盲目行動只會自取滅亡。多算多勝，少算少勝。多算是周密的計畫；少算指的是疏漏的計畫。

做事情不僅要多算，還要先算，可是如何進行多算與先算呢？

第一，做決策一定要事先進行周密思考，所謂深謀遠慮，就是這個意思。

對各種問題進行估計，哪些是順利的，可能會遇到哪些麻煩，針對情況，提出幾種不同的決策方案。

算，還有籌碼的意思，指的是做事成功的條件。多算還包括「必須算多」的一層含義，就是爭取較多的得勝條件，充分利用自我優勢和對方的劣勢，做到有準備、有把握，不要孤注一擲，更不能感情用事。

包玉剛是公認的世界航運鉅子，出生於浙江省寧波，一九四九年，他來到了香港。

當時，香港房地產生意剛剛起步，經營造紙廠的父親希望他從事這一行。包玉剛經過仔細研究，覺得房地產生意只能靠收取租金賺錢，而且房市容易受政治影響，不夠穩定。與此同時，他考察了船務生意，認為後者是一種特殊的生意，是一種動產，可以結合經濟和政治共同運作。船務生意可以做到世界各地，業務面廣，資產可以移動，相對安全。於是，他親自做了多方面評估，一九五五年，三十七歲的包玉剛毅然專營航運業，經過二十年時間打拼，成為了船王。

充分的研究準備是做事的基礎，首先是心理上的準備，一個新的專案必然充滿新的問題和困難。要有足夠的心理準備迎接這些挑戰，不能被動挨打、手忙腳亂。其次是能力上的準備，新的問題需要新的辦法，多學習一些與新工作有關的知識，是提高工作水準、解決工作問題的有效手段。

要做到準備充分，需要具備高度責任感和一雙慧眼。畢竟有許多困難在前面等著，有許多問題會出乎你的預料，有許多挫折會讓你無法繞過。如果自己缺乏責任感，放任自流，事情必敗無疑。

具備敏銳的眼光，隨時注意工作方面的新動向、新問題，才能把握先機，及時應對。

第二，籌劃的核心是目標，主體是步驟，按照計畫循序漸進，不能憑著感覺來。不能主觀臆測，用自己得到的片面和局部的經驗代替整體，那樣就會鬧出盲人摸象的笑話。

幾個盲人一直想知道大象是什麼樣子。

有一天，大街上來了一頭大象，盲人們看不見，就只好湊過去摸。

第一個盲人摸到了大象的腿，就說大象像柱子；第二個盲人摸到了身軀，就說大象像牆壁；第三個盲人摸到了尾巴，就說大象像條蛇；最後一個盲人摸到了大象的耳朵，就說大象像蒲扇。

幾個盲人都認為自己說的對，因為都是自己親手摸到的，為此他們爭論不休，各持己見。

可惜，他們誰都沒有說對，雖然都是他們親身體驗得到的結論，但是結果為什麼相差十萬八千里？因為他們以偏概全，瞭解到的只是事物的局部與特殊性，而非普遍性。只有當你認識了事物的全貌，才有可能做出正確的判斷，得到正確的結論。

第三，「算」以多少為多呢？六十算以上為多算。

善於決策的人，不可能對事情掌握百分之百後再去決策，這樣的決策雖然沒有風險，卻也沒有多少利潤可圖。說得更直接一些，這樣的決策不能叫決策，在對一件事情瞭解百分之百後，或者條件完全備齊後，往往也已經錯失了最佳機會。所以一味追求全面，並不是聰明的做法。古人早就有了經驗：「六十算以上為多算，六十算以下為少算」。也就是說，對事情掌握六〇％以上時做出的決策，或者有六〇％以上把握的決策，是多算；以下則為少算。

所以，當有了六成把握時就要勇於決策和行動。一般來說，風險和利益是成正比的，風險越大，利益也越高。一點風險也沒有的時候，利益也就幾近消失為零了。任何高明的決策都帶有風險。現代理性決策理論的代表人物賽門說：「決策包含了三個主要涵義：決策機會的尋找，可行方案的發現，從幾個方案中選擇一個的活動。」他認為決策者「就是在實行選擇的那一刻，能通過十字路口，選擇一條他應走的路的人」。

先算多算，可以保持領先地位和競爭優勢，掌握主動權。我們做事時，一定要對事情進行各方面的估計，有利的、不利的，各種條件都考慮到，並分別提出相對的對策，這樣才能隨時保持主動，讓事情順利進行。

你要記得：

1. 事前一定進行充足的調查研究和準備。
2. 爭取較多的得勝條件，充分發掘自我優勢，片面、局部、感情用事，都會阻礙多算。
3. 六十算以上為多算，決策時必須承擔一定風險。

2 以人為鏡知得失，從別人的經驗中獲益

很多人憑藉經驗做事，認為這樣可以規避風險，提高成功的機率。這種做法不是沒有道理，但是容易陷入經驗主義的窠臼，難有突破。

我們說多算多籌劃，要有全盤考慮，並非一定是要借鑑自己的經驗和教訓。

德國鐵血宰相俾斯麥說過一句發人深省的話：「笨蛋只能從自己的教訓中吸取經驗，聰明人則從別人的經驗中獲益。」

以人為鏡，學會從別人的經驗中獲益，這種做法不失為做事的有效途徑。

俾斯麥執政前，德國尚未統一，各個小國各自為政，分裂的狀態阻礙了資本主義經濟的發展。當時，資產階級議員在議會裡地位較低，缺乏戰鬥性，不能促使國家統一。俾斯麥接管政權後，認真分析並借鑑歷史，研究各種資料，認識到德國如果長期以聯邦形式存在，難以發展壯大，於是他果斷地推行「鐵血政策」，拋開議會，採取強制措施，終於促成國家統一。

治理國家如此，做其他事情也一樣，如果不能借鑑別人的經驗，只知道用自己的損失換

回教訓，這種代價是非常昂貴的。俗話說：「只有傻瓜才會第二次掉進同一個池塘。」生活中我們常聽到一句話：「算了，就當交學費了」。學費真的有必要交嗎？為什麼不能從別人的教訓中吸取經驗，來避免自己重蹈覆轍呢？

吸取別人的經驗是一條捷徑，走別人走過的路，吸取別人的成功要素，省錢省力，避免走冤枉路，失敗的機率會大大降低。

吸取別人的經驗，包括兩個方面：

第一，吸取別人成功的經驗，加以模仿、利用，為自己服務。

眾所周知，日本企業就是靠模仿歐美產品起家的，他們借鑑歐美的經驗，在模仿中有所創新，促成了日本經濟三十年的興盛繁榮。

誰也離不開他人的指引或影響，我們總是踏著前人的腳步向前走，牛頓說：「我看得遠是因為站在巨人的肩上」。將自己置身「巨人的肩頭」，在他人的經驗基礎上努力，做事會更容易，成功會更靠近。

有家粥店開業後，生意普通，雖然粥店環境適宜，食品物美價廉，可是這條街上此類小吃店太多了，要想吸引顧客實在很難。老闆為此整天愁眉不展，憂心忡忡，擔心著哪天就會關門停止營業。

中秋節快到了，老闆外出採購月餅，在超市內他被一件新奇的事吸引了。一款「天價月餅」正在促銷，這款包裝精緻的月餅竟然賣到每斤四百元，是其他月餅的幾十倍！什麼月餅值這麼多錢？好奇者不止老闆一人，圍過來的消費者很多，裡三層外三層。促銷人員站在人群中間，興高采烈地向大家介紹著「天價月餅」，以及這家公司的其他產品。

說者無心聽者有意，老闆忽然靈機一動，他想：「天價月餅吸引了這麼多人，即便他們不買，也會瞭解到這家食品公司，還可能購買其他便宜的月餅。要是我的粥店也推出『天價粥』，會不會同樣引起轟動？」

老闆回到店中，開始認真思考起來。最後，他聘請一位有名的廚師，讓他專門熬煮一款天價粥，用料極其講究，包括名貴藥材和成本很高的滋補品，標價每碗六百元，並打出了廣告。

「天價粥」上市後，立即成為當地的新聞，就連媒體也做了報導。結果，這家粥店一舉成名，每天前來用餐者絡繹不絕，生意紅不讓。可是有人覺得奇怪，難道這麼多有錢人喜歡喝「天價粥」？就連老闆的朋友也深感困惑：「粥這麼貴，來喝粥的人還如此多，怎麼這麼多有錢人？」

老闆笑了：「告訴你吧，他們多數人跟你一樣，不過是懷著好奇心來到店內。你看到了嗎？除了『天價粥』，我的店內還有很多價格親民、味道鮮美的粥和小吃啊！」

朋友張望一下，明白了：「原來你靠『天價粥』做誘餌吸引顧客啊！」一款「天價粥」打響了粥鋪的名聲，發揮了良好的行銷效果，顧客增多了，他們或許喝不起「天價粥」，但是他們可以享用普通粥和食品，照樣能夠增加收入。

第二，吸取別人失敗的經驗，從而在做事過程中留意和規避，讓自己做事減少風險，提高成功機率。

有些人總是希望看到別人失敗，卻不知道要從中記取教訓，用以提醒自己，避免同樣的錯誤發生。看到別人「吃一塹」卻不能讓自己「長一智」，在別人跌倒的地方再次摔倒，這時才想起吸取別人教訓的意義。這種人應該意識到，他人的教訓是成本最低的財富，學會換位思考，站在他人的立場，用心體會失敗的滋味，找出教訓，並把教訓記在心裡，爭取做到別人亡羊我補牢。比如善於吸取事故的教訓，便可以減少事故發生率；再則工作中，從同事犯錯誤的地方留心，也可以降低失誤。

不管是失敗的教訓還是成功的經驗，要讓它們為己所用，就要多學習與關注，設身處地地瞭解這方面的資訊；在掌握各種資訊後，應該勤於分析研究，理性地判斷和借鑑。

總之一句話，學習別人的經驗是一種能力。

辜振甫為了管理家族企業，隱姓埋名到日本的企業工作，這段從基層做起，學習經驗的經歷，為他成為巨富打下了基礎。

那麼，我們該如何從別人的經驗中獲益呢？

第一，吸取他人經驗，找出自己的不足。

他人就像一面鏡子，可以照出我們自身的得與失，唐太宗和魏徵的故事婦孺皆知。

魏徵是著名的諍臣，對於唐太宗的錯誤，他從來不留情面，總是有一說一有二說二。唐太宗虛心地接納了他的各種諫言，規範自己的行為，成就一代明君。當魏徵去世時，唐太宗想給予逝者極高的喪葬規格。魏徵的妻子聽說後，推辭說：「魏徵活著時生活簡樸，如今給予這麼高的喪葬待遇，並非他的意願。」結果只用一塊粗布蓋著棺材，簡單安葬了事。

唐太宗很有感觸，親自為魏徵撰寫碑文，書寫墓碑，並且悲哀地痛哭，他對身邊的臣子們說：「銅鏡可以用來整理衣冠，將歷史做為鏡子，可以看到歷朝的興衰更替。將人做為鏡子，就可以明自己的行為得失。如今魏徵走了，我失去了一面絕好的鏡子啊！」

因為有了魏徵，唐太宗隨時注意自己的言行，不斷提醒自己。所謂「每日三省吾身」，就是這個道理。他從不奢侈浪費，制訂和諧的治國方略，終於成就千古明君。

第二，借鑑別人的經驗時，一定要結合自身情況，不能照單全收與完全模仿，應該找出自己的模式，有所創新和利用。

有位先生打算製作一套家具，他到樹林裡砍倒了一棵大樹，並親自動手將它鋸開，鋸成一塊塊木板。

他很有經驗，在鋸樹時，將樹幹的一頭放到樹墩上，然後自己騎到樹幹上。他一邊鋸一邊往鋸開的縫隙裡打楔子，這樣可以工作輕鬆一些。鋸一會兒後，他拔出楔子，重新打進一個新地方。

有隻猴子蹲在樹枝上，牠目不轉睛地看著那位先生鋸樹，覺得十分有趣，不由得想道：「原來鋸樹這麼簡單啊！」

過了一會兒，那位先生累了，就躺在樹幹旁的草叢裡休息。猴子見了，連忙跳下樹枝，騎到了樹幹上，拿起鋸子模仿人的動作鋸起樹來。鋸了一會兒，牠用力拔出楔子時，沒想到樹幹猛一合攏，夾住了自己的尾巴。

猴子疼得嗷嗷大叫，驚醒了那位先生。

他急忙找出一根繩子，抓住了猴子。

我們不要做猴子，不要模仿不成反受累，而是有選擇性地學習和接收他人的經驗。只有選擇適合自己的模式，才會吸收和消化。同時，我們應該有所創新，合理的利用，讓別人的經驗為我所用。

你要記得：

1. 借鑑別人的成功經驗，記取別人失敗的教訓，指點引導自己所做的事情。
2. 以人為鏡，找出自己的不足。
3. 理性地吸取經驗，不能照單全收，應該根據自身情況加以創新利用。

3 「好的」，不一定是所需要的，應該從不同的角度看問題

吸取他人的經驗和教訓，絕不等於簡單地追隨和模仿。趕潮流追時尚是當今生活的重要特色，環顧一下我們每天做的事情，有多少不是被潮流牽著鼻子走？確實，因為懶惰，或者畏懼風險，我們很容易產生這樣的心理：「既然別人都在做，這樣的事情一定就是好的，我為什麼不做呢？」

分析可以看出，這種心理包含兩層含義，第一，別人都在做的，可以追隨；第二，「好的」事情，一定要去做。

先看第一種情況，別人都在做的，是不是一定要去追隨呢？

有位漂亮的少女，十分喜歡趕時髦，她本來是一頭自然捲髮，卻不聲不響地弄成了直髮。母親很生氣責問她原因，少女振振有詞地說：「現在流行直髮，瞧瞧我的捲髮，太土氣了。」

母親的氣還沒來得及消，少女忽然又把頭髮改成了捲髮。母親以為女兒接受了自己的建議，沒想到女兒說：「才不是聽妳的話呢！這幾天又流行捲髮了。」

這樣的例子恐怕每個人每天都會遇到，其實不只年輕人如此，我們做任何事情，都喜歡趕時髦。二十世紀六〇、七〇年代時，大企業之間聯合經營曾經風靡一時，導致企業的規模越來越大，到了八〇年代，情況變了，流行兼併之風，公司規模也是以大為美。當然隨著規模擴大，就像人體一樣，肥胖會成為一種病態，於是，大家又在忙著「減肥」，出現了九〇年代的裁減之風。

就這樣，一個杜撰出來的「管理方式」逐步流行，越來越多公司開始嘗試這種方式，以此為宣傳目標，告訴消費者「我們是時尚的！我們是先進的！」宣傳效果是如此明顯，當某家公司陷入困境時，人們首先會追問：「他一定沒有採用『某』方式！」

流行就是這麼簡單，也這麼愚蠢，過不了多久，由於太多公司採取「某」方式，不可避免出現了反對的聲音，當反對達到一定火候時，一種「新」的、「時尚」的方式又出現了，於是這種方式再次流行。如此反覆循環，我們的企業和公司就成為時尚的追隨者，陷入毫無主見、為了做事而做事的模式中，浪費大量財力物力，實踐著麥迪森大街古老的諺語：「做廣告的每一美元都有一半被浪費掉了，可是沒有人能算出是哪一半。」

為了避開不必要的浪費，最有效和最簡單的方法就是不要輕易相信流行的東西，諸如什麼「主義」、「模式」等，比如前些年汽車業都喜歡到中國投資，這確實是個好機會，但是由於太多人加入，你就無法輕易採取決定。克萊斯勒公司當時也考慮在中國投資，可是他們沒有貿然行事，因為總裁每天都會流覽晨報，他看到一家又一家大規模投資的公司退出時，從中記取教訓，決定不要追趕潮流，等到將來再重新考慮投資問題。

從以上分析可以看出，別人都在做的，千萬不要輕易去追隨。人們說：第一個去做某件事的人是天才，第二個就是蠢材，道理正在於此。別人做某件事，源於個人的因素、條件，對他來說是適合的、創新的，效果也會十分明顯。但是換做你，不管這件事情多麼「好」，手段如何「高明」，可能都是白做工，徒勞無益。

所以，要想做對事情，就要記住一點：當其他人都在做某件事時，千萬要謹慎行動。

我們再來看看第二種情況，「好的」事情，是不是一定要去做？

追本溯源，任何事情做起來都不複雜，比如公司運作，就是以資本、勞力為成本，為人們提供一種產品或者服務。當產品或者服務滿足人們需求，帶來一定的利潤時，公司就會逐步發展。這麼簡單明瞭的事情為什麼越做越複雜？我們看到很多公司就像官僚機構，員工們沒日沒夜做的事情不是工作，而是如何證明自己存在的合理性，他們接受局外人的培訓、評估，製作各種備忘錄，背誦條例法規……試問這些東西對工作真的有益嗎？有多少益處呢？沒有人說得清，他們只是回答：「這都是『好的』東西，怎麼可能沒用？」

還有很多「好的」東西在公司管理中盛行，比如各種宣傳活動，他們認為「很值得」。底特律有句著名的格言：星期天賽車，星期一賣車。汽車業就是這樣做的，他們熱衷於賽車活動，不惜花費巨額費用。

對於這些「好的」東西，到底該如何應對？有個情況不得不說，當一家公司盡量減少浪費時，往往也是公司處境不妙的時候。有鑑於這個事實，我們認為有些事情該不該做，不應該只看它「好不好」，而要從實際需要出發。也就是說，應該換個角度看問題，從自身實際情況出發去選擇和實施。

娜娜是位空中小姐，做這一行都必須接受嚴格的語言訓練。

儘管如此，娜娜還是出現過失誤。

有一次在航班上，娜娜為乘客們提供了優質服務，熱情地詢問他們的需求，盡可能幫助他們。一對年輕的外籍夫婦抱著幾個月大的嬰兒，娜娜走過去問：「請問需不需要給孩子準備早餐？」男乘客聽到問話，用流利的中文回答：「謝謝，不用了，孩子吃母奶。」

對方說中文，娜娜感到有些意外，沒有仔細聽清楚男乘客的後半句話，職業習慣告訴她，需要進一步表達誠意，因此她脫口而出：「是這樣啊，那麼孩子需要用餐時，請您隨時通知我。」

男乘客聽了，先是愣了一下，接著哈哈大笑。

娜娜仔細回想剛才的對話，明白了怎麼回事，不由得滿臉通紅，為自己的失言不知所措。

簡短的對話瞬間，我們注意到兩個問題：良好的服務固然是空姐該做的事情，但是如果針對具體情況，不能做具體的對待，就會鬧出笑話；再好的服務對於有些人來說，也是不需要的，所以應該轉動腦筋快速反應。如果反應迅速，能夠站到不同的角度看問題，便可以做出準確的決定。

達芬奇為了學畫，從一千個不同的角度去畫雞蛋，畫了整整一千幅畫。從不同的角度，才能看清問題的本質，「好」還是「不好」？需要還是不需要？才會有準確的答案。「不識廬山真面目，只緣身在此山中」。換個角度，當公司處於危境時，摒棄不必要的宣傳和活動，把心思放在基本問題上：如何提高產品的生產銷售量，對於不能直接降低成本、提高收入的事情說「不」，是勢在必行的選擇。因為不能保住公司，也就不可能有公司的未來。

當然，很多事情並非處於絕境，而是有著較大的彈性空間。這時需要問問自己：「這件事的基本問題是什麼？換個角度會怎麼樣？」

有位老婦人，不幸晚年喪子，她甚為悲痛，從此她每天捧著鮮花來到公墓，祭奠自己的兒子。三年過去了，老婦人風雨無阻，每次來到墓地，她都會悲泣半天。隨著時間流逝，她的身體越來越差，一身病態。

守護公墓的老頭看到老婦人這般淒慘，覺得她實在可憐，對她說：「夫人，您每次送來的鮮花，過一天就枯萎了。依我看，您何不把這些花送給孤兒院的孩子們呢？我想您的兒子九泉之下有知，也會為您高興的。」

老婦人採納了這個提議，此後三個月她沒有來到公墓，而是天天去孤兒院。三個月後的一天，當她再次出現在公墓時，她看起來精神矍鑠，身心健康。

只要引導得當，我們就能從不同的角度去考慮問題與做出取捨，不會被各種「好的」事情左右，浪費我們的時間和精力。

你要記得：

1. 別人都在做的事，不要輕易去追隨。
2. 「好的」，不一定是需要的，從自身的需要去做選擇，可節省人力和物力。
3. 從不同角度看問題，把心思放在基本問題上。

4 勿輕視「小細節」，虧要吃在明處

許多人都有這樣的經驗：在按照既定計畫做事情的過程中，會出現各種意想不到的小細節，這些小細節看似微不足道，卻總是那麼突兀地影響著你，讓你不能順利做好事情。

任職於日本獅王牙刷公司的加藤信三就遇到了這樣的煩惱。

有一天，他趕著上班，不料刷牙時太著急了，牙齦出血，讓他十分不舒服。

小細節會影響心情，進而左右大局，如果不把細節當一回事，輕者影響事情進展，重者直接導致失敗。相反地，如果重視細節，並加以利用，後果會怎麼樣呢？我們繼續看看加藤信三的表現。

加藤信三強壓怒火上班後，在休息時對同事們提起早上發生的事，並且建議：「我們是牙刷公司，應該想辦法解決這個問題。」建議得到回應，他們提出了很多想法，比如更換刷毛、多用牙膏、慢慢刷牙等，可是效果並不理想，似乎並沒有解決根本問題。加藤信三和同事們繼續鑽研，把刷毛拿到放大鏡下觀察，發現這些刷毛的頂端是方形的，這讓他立即想道：「方形稜角突出，當然容易損傷牙齦，要是改成圓形的，損傷就會降低吧？」經過一番努力，他們研製出了圓形刷毛的牙刷，這種牙刷上市後，受到消費者歡迎，銷路極佳。

加藤信三由此得到升遷，十幾年後成為公司總裁。

「小細節」不可忽視，抓住細節等於抓住機遇。其實我們的生活就是由一系列的細節所構成的，不管多麼遠大的理想和宏偉的目標，都是由一件件具體的小事累積而成。忽略小事和細節，矛盾會接踵而至，讓人陷入疲於應付的狀態之中。聰明人總是能夠事先計畫，推測各種細節，從而避免各種小矛盾產生。所以，「別忙著做，先坐下來想一想」，是現代人必須學會的工作方式。

「小細節」顯現在具體工作中，重視細節的人不僅計畫精細，做事到位，更懂得如何體諒他人，以他人的立場去考慮問題，擅長應變各種突發問題，從而使事情發展的出奇順利。

縱觀古今中外成功人士，無不是擅長應變的人。

應變是一種能力，在這裡我告訴大家一個訣竅：善於在細節上吃虧，是應變的一大法寶。

陳囂和紀伯兩家相鄰，中間只隔著一道竹籬笆。

有天深夜，紀伯悄悄來到院子裡，偷偷將竹籬笆向陳家那邊移了一點，他想：「這點小小的移動，陳囂應該看不出來，這樣我家的院子就寬敞了。」

人算不如天算，紀伯沒想到陳囂當時恰好也在院子裡，親眼目睹了他的一舉一動。

陳囂會如何處理這件事呢？他等紀伯回屋後，又將竹籬笆往自己的院子裡移動了一丈，這下子紀伯的院子更寬敞了。

第二天，紀伯發現自己的院子變得太大了，明白了是怎麼回事，不由得羞愧起來。

到了夜裡，他將竹籬笆往自己的院子裡移動了兩丈多，不但還了陳家的地，還主動讓出一丈。

面對鄰居的貪婪做法，陳囂沒有跳出來與對方理論，而是主動「吃虧」，這樣對方感到內疚和慚愧，不得不讓步，而且還始終心存歉疚。

陳囂的做法實在太高明了，不僅維護了雙方的關係，也贏得了對方的尊重。

在細節上吃虧，往往會獲得更多的好處和利益。但是，虧要吃在明處，不能「啞巴吃黃蓮有苦說不出」，否則會賠了夫人又折兵。當然，在細節上吃虧，不是一味地忍讓和付出，進行適當的訓練，會幫你提高這方面的能力和技巧。

前美國國務卿季辛吉博士雖然工作繁忙，但他十分注重培養下屬們注意細節的習慣。

有一次，助理呈遞給他一份計畫表。過了幾天後，助理問他有何意見，季辛吉卻反問一句：「你認為這是你所做的最好計畫嗎？」

「這……」助理有些遲疑：「還可以做些改進，那樣會更好些。」

季辛吉當即將計畫表退給助理。

經過一個星期修改後，助理再次把計畫表呈遞上來。

幾天後，季辛吉將助理叫到了自己的辦公室：「你確信這是你擬定的最佳計畫嗎？」

助理還是有些猶豫，他囁嚅著說：「可能還有一兩個地方，要再改進一下……或者做更詳盡的解釋……」

沒等他說完，季辛吉又把計畫表退給了助理。

助理拿著計畫表回到辦公室，他決定要下功夫擬定一份最完美的計畫。

經過三個星期的努力，有時候甚至廢寢忘食，助理終於擬定了一份完美無缺的計畫。

當他呈遞計畫表時，季辛吉再次詢問：「這是否是你做的最完美計畫？」

「是，」助理堅定地回答：「國務卿先生。」

「很好，」季辛吉說：「這次我有必要讀一讀了。」

季辛吉透過嚴格的要求訓練自己的下屬，讓他養成注重細節的習慣。在細節上用心，看似浪費時間和精力，卻會換來更好的計畫和行動，這是非常必要的。

現代企業無不是擅長在細節上吃虧的高手，做「虧本」的生意，似乎成為吸引顧客的經典模式。

沃爾瑪持之以恆地為顧客提供最低價商品，不惜浪費人力記錄分析每位顧客的商業資料；用通訊衛星為顧客提供服務；每個員工都要拒絕任何饋贈，哪怕是一瓶水。這麼細緻的要求和做法，無非是為了吸引顧客。在現代社會，只要你願意，每天都會收到免費物品。贈送的企業靠著這些「吃虧」的做法，宣傳自己的企業，引起顧客的好感，增加銷售額度。

與企業相比，我們在做任何事情時，如果懂得「吃小虧」，一定會「占大便宜」。有時候我們吃虧不是為了具體的利益，完全是為了處理人際關係。

魏國公韓琦有兩件寶玉做成的杯子，舉世無雙，而且杯子還用白金做了裝飾，看起來更加光彩奪目。

有一次，韓琦大擺筵宴，邀請了很多朋友。

席間，一位朋友不小心把兩個杯子打碎了，他嚇壞了，一臉驚恐，不停地作揖道歉。

韓琦面不改色，神態自若地微笑著對他說：「萬物都有自己的命運，或者破碎或者保全，你失誤打碎了它們，這是它們的命運，不能怪你。你何必道歉呢？」

為犯錯的人開解，消除他的尷尬和不安，會立即獲得對方的好感。有了這樣的基礎，當你遇到問題需要幫助時，他一定會盡心盡力，以還人情。所以我們看到很多人不怎麼做事，可是一旦他們遇到難題總是能迎刃而解，原因就是他們事先「吃了虧」，現在在享受回報。

你要記得：

1. 「小細節」不可忽視，抓住細節等於抓住機遇。
2. 積極地應變可以防止細節出錯，讓人做事到位。
3. 在細節上吃虧，在大事上沾光。

5 審時度勢，不斷調整自己的計畫

有個獵人喜歡立誓，每天出門打獵前，他都提前發下誓言：今天我只打兔子！他按照誓言行獵，不料遇到的都是山雞，只好空手而歸。

到了晚上，獵人非常後悔，心想明天我一定要打山雞。於是在第二天出門前，他又立下誓言：今天只打山雞！結果，他在行獵過程中一隻山雞都沒有遇到，看到的全是狐狸。可是他不肯違背誓言，不去捕獵狐狸，結果又是空手而歸。

晚上，獵人又陷入後悔中，發誓明天只打狐狸。當然，這次他沒有遇到一隻狐狸，全是野豬。然而，獵人謹遵誓言，只能再次空手而歸。就這樣，一而再、再而三，獵人在自己的誓言中活活餓死了。

看完這個故事，不妨反省一下自己是否也犯過同樣的錯誤。我們強調目標的重要性，計畫的可行性，在新年之初的時候立下一年的誓言，在孩子剛出生時訂下一輩子的誓言，總想著事情在實施之前，就已經萬無一失，沒有任何紕漏。可是「計畫不如變化快」，萬事萬物都在不停地變化，如果不能審時度勢，不知道要調整自己的計畫，死板地執行，就會像獵人一樣，換來痛苦的失敗。

正確的做法是密切注意事態發展，不斷修正策略和計畫，才能讓自己立於不敗之地。一成不變的計畫是會害死人的。企業經營是不斷調整計畫的過程，經營者在現有資金、物力、人力基礎上，充分分析外界環境，從而應付來自各個環節的威脅，抓住每一個機遇。如果企業不能調整計畫，抱著幾年前甚至十幾年前的機會不放，除了失敗別無選擇。

不只企業如此，人生在世，任何事情任何時候都離不開調整計畫，調整自我。

美國生物學家曾將一群狒狒中的首領和最小的一隻，分別關進籠子，等到其他狒狒進食之後再放牠們出來進食。

每次，狒狒首領看到其他狒狒進食，就會變得煩躁不安，在籠子裡又跳又抓又咬，直到渾身傷痕累累，筋疲力盡。放出來後，牠將食物打翻，拒絕進食。而那隻最小的狒狒，在籠中表現得悠然自得，與往日無異，放出來後，哪怕狒狒首領把牠的食物打翻也不介意，同樣吃得津津有味。

生物學家們由此得到結論，因為首領平時總是第一個進食，所以在籠子裡看到其他狒狒進食就會勃然大怒；而那隻小狒狒，平時都是最後一個進食，當別的狒狒進食時，牠已經習慣坐在一邊等待，所以表現得非常平靜。

不能調整自己的位置，以舊有的眼光看待問題，狒狒首領徒然生氣，無益自身。小狒狒明白自己的處境和分量，寵辱不驚。所以說，根據環境的變化發展，隨時調整自己的位置，才可以應付變化。

俗話說：「人在屋簷下，不得不低頭」，道出了人際交往中適應變化的問題。在這裡「低頭」是必需的，只有調整自己的心態、位置和計畫，才能適應新的環境。

那麼，我們該如何審時度勢呢？

第一，需要具有長遠的眼光，密切關注事態的發展。

我們強調專心做事，但不是封閉自我和資訊閉塞，相反地，我們應該多去接觸相關資訊，並學會選擇利用。審時度勢的「審」就是仔細研究；「時」指的是時局；「度」的意思是估計；「勢」就是發展趨勢。總之一句話，就是觀察分析時勢，從而推斷情況的變化。

第二，審時度勢就是在準確推斷的基礎上，不斷地加以調整，尋找最合適的方法和途徑。

金先生大學專攻微電子工程學，畢業後想出國深造，因為德語口試不及格，無緣留學。不能留學，他開始到處找工作，投出了多份履歷，希望成為電子工程師。可是他剛剛畢業，沒有工作經驗，因此面試機會很少。只有一家銷售商通知面試，無奈專業不符，他又缺乏銷售經驗，只好作罷。

在這種情況下，有位朋友請他到自己的公司做事，做一些簡單的電腦操作工作。幾個月後，金先生有些感傷，他覺得這樣下去，自己四年所學會付之東流，而且職業前景十分暗淡。

不懂得定位，更不懂得調整自我，讓自己陷入盲目找工作的困境中，結果越著急越失誤。對付這種情況，其實應該冷靜下來，調整一下心態和目標計畫，比如降低一下選擇標準，找到與所學知識相關的工作，效果會好得多。實際上，金先生後來正是到了電子公司工作，將理論和實踐結合，在新的職位上不斷累積經驗，提高了個人職業能力。

可見，在合理的基礎上不斷調整，致力於容易實現的計畫，是獲取收益，提高成功率的保障。只有當你把計畫調整好，適應了環境變化，才容易達成目標，這樣就可以增強信心，進一步向更高的目標攀登。

第三，調整計畫時不能動搖根本，也就是不能妨礙長遠目標。

人生有一個長遠目標，做事有一個最低底線和最終目的，這是一條主線，不管環境如何變化，都要保持它的穩定性，在它的指點引導下實施和改進。如果違背這個原則，不但計畫無法改善，無法讓事情順利進行，還會讓事情徹底失敗，讓人生失去意義。

首先，調整計畫是暫時性和階段性的行為。比如企業經營，不管怎麼調整計畫，都不能影響企業發展，犧牲企業的利益。

其次，調整計畫之前，應該有一個更高層次的目標。比如理財計畫，總體目標是為了開源節流，自如地掌控金錢。在不同年齡階段有著不同的計畫，單身時風險投資比例較大，老年時比例較小，以保險性投資為主。

你要記得：

1, 計畫的目的是為了做事更有條理，一成不變的計畫會害死人。

2. 審時度勢，需要具有長遠的眼光。

3. 調整計畫，致力於可以實現且容易實現的計畫，但不能動搖根本。

6 給別人留餘地，給自己留出路

我們常常聽到一句話：「做事先做人」，人生在世，就是「為人處事」的過程，做人和做事是不可分割的。一個會做人的人，懂得給他人留餘地，往往機會多多，做事輕鬆，人生和事業都優於他人。

為他人保住面子，留下餘地，是一項重要的人際交往策略。不幸的是，很少有人懂得在這方面花費精力，他們不肯動腦思索如何保住別人的面子，為何要保住別人的面子。我們喜歡雷厲風行地處理問題，希望將事情做到最好，為此不惜踐踏他人的感情，幾近挑剔之能，甚至濫用權威，當著眾人的面批評下屬和孩子，卻從不想一想對方的自尊。

在這裡我建議大家換個位置思考，從對方的角度出發，犧牲幾分鐘時間去想一想自己的語言，是不是非要這麼說不可？如果答案是「不」，那麼就要堅決拒絕，不要讓這些語言變成「傷人」的利器。

產品出現了問題，公司決定召開生產會議。

在會議上，公司副總裁針對生產流程的問題，對負責產品生產的主管出言不遜，咄咄逼人，用詞相當尖銳。

主管顯然知道是自己部門的錯誤，他為了避免更多尷尬，對副總裁的質問做了適當的回避。

副總裁得理不饒人，更嚴厲地指責主管：「你亂說一通，回避責任，真是信口雌黃！」

主管已經工作多年，儘管這次出了差錯，可是在此之前，他工作兢兢業業，對副總裁也很尊重，與同事們相處融洽。然而這次衝突之後，主管再也沒有為公司做出任何貢獻。又過了幾個月，他提出辭呈，到公司的對手那裡上班了。在新的公司內，他工作相當出色。

副總裁說的也許是實情，但是他卻為此損失了一名主管，為對手培養了一名不錯的好員工。衡量得與失，效果顯而易見。

不知道給他人留面子，受損失的最終還是自己。

即使自己絕對正確，對方絕對錯誤，無所顧忌地損害對方的面子，也會損害到自己的利益。

法國著名航太先驅安東尼．聖埃克薩說過：「我無權貶低他人對自我形象的認識。我怎麼樣看別人並不重要，重要的是在於他如何看待自己。傷害他人的自尊等同於犯罪。」

在生活中，給別人留餘地，最重要的一條就是避免爭辯，不要以爭論的方式去解決問題。

因為爭論會讓矛盾激化，問題更難解決。班傑明．佛蘭克林說過：「如果你總是抬槓、反駁，也許偶爾能獲勝，但那只是空洞的勝利，因為你永遠得不到對方的好感。」

所以，在爭論之前要考慮好，你是想得到字面上的勝利，還是想擁有他人的好感，進而是友情和幫助。

俗話說「多個朋友多條路」，你不怕得罪人，不想給自己多條出路，就放開手腳去逞口舌之能吧！

有一次，戴爾．卡內基參加朋友的宴會。

宴席中，卡內基身邊坐著一位幽默的先生，他喜歡講笑話，還說了一句頗具哲理的話，大意是「謀事在人，成事在天。」他非常肯定地說：「這是《聖經》中的名言。」

戴爾．卡內基記得很清楚，這句話並非出自《聖經》，而是莎士比亞作品中的言論。於是，他說出了正確的答案，糾正那位先生。

那位先生一聽，馬上瞪大了眼睛，譏諷地說：「你說什麼？莎士比亞？太好笑了，這是不可能的！」隨後，他更加堅定地重覆：「這句話出自《聖經》！」

戴爾．卡內基不想就此認輸，在座有他的朋友弗朗克，是研究莎士比亞的專家，戴爾．卡內基打算請他主持公道。

弗朗克聽了兩人的爭論，在桌子底下踢了卡內基一腳，然後說：「這位先生說對了，是《聖經》

中的話。」

卡內基真是想不透，回家的路上他忍不住質問弗朗克：「你知道那句話出自莎士比亞。」「是，沒錯，」弗朗克說：「是《哈姆雷特》中的一句話。可是戴爾，你知道嗎？我們是宴會中的客人，為什麼非要證明別人錯了呢？那樣做有什麼好處嗎？為什麼不給別人留點面子？他不需要你的糾正，懂嗎？永遠都要想辦法避免與人正面衝突。」

爭辯無法讓無知的人服氣，以及消除誤會和解決問題，還會讓對方產生反感，與你的關係進一步惡化。林肯在一次教育一位與同事吵架的青年軍官時說：「在跟別人擁有相等權利的事物上要多讓步一點，而在那些顯然是你對的事情上，就讓得少一點。與其跟狗爭道，被牠咬一口，不如讓牠先走。因為就算宰了牠，也治不好你的咬傷。」

不給人留面子地爭辯，哪怕是表面上贏了，依然會讓自己傷痕累累，還會損害對方的自尊，讓對方記恨你。

我們看看聰明人都是怎麼做的，是如何處理好看似無法解決的難題，充分保護他人面子的。

斯坦梅茨是通用電氣公司優秀的電氣工程師，是電學方面的超一流人才，然而，他卻無法勝任計算部門的主管工作。

公司看出他的缺陷，打算將他從計算部門的主管位置撤下來。如何撤呢？公司知道如果直接告訴他不能做主管了，一定會激怒這位敏感人物，他會憤然離開公司。這可不是公司想要的，公司希望斯坦梅茨能夠發揮自己的特長，繼續為公司做貢獻。

經過一番斟酌，公司做出了決定，為斯坦梅茨安置一個新頭銜——公司顧問工程師，當然工作還是和從前相同。由於有了新的職務，計算部門的主管工作只好交給別人。

斯坦梅茨非常高興地接受了公司的安排。

公司的管理層也暗暗慶幸，他們終於謹慎地處理了這個難題，而且還保住了斯坦梅茨的面子，讓雙方皆大歡喜。

沒有解決不了的難題，只要你肯為他人留餘地，為他人保住面子，就會換來對方的信任，繼而讓他心服口服。這時，他會努力做好各項工作，保證事業進步。

你要記得：

1. 不知道給別人留面子，最終受損失的是自己。
2. 自己不願意接受的語言，千萬不要用來指責別人。
3. 給別人留的面子越多，自己的出路也越多。
4. 哪怕自己絕對正確，對方絕對錯誤，也要先想到為對方留面子。
5. 避免爭論，不要試圖透過爭論來解決問題。

七折八扣：
捨得，捨得，
不捨不得

1 貪心求全，事與願違；抱殘常安，守缺常全

追求完美幾乎是每個人的心願，我們希望擁有完美的愛情、婚姻、事業，希望人生圓滿成功，事事順心。可是老天偏偏與我們作對，讓我們事與願違，人生充滿坎坷，事業斷斷續續，既不順手也不順心。

這時如果你抱怨老天，覺得自己運氣不佳，那就大錯特錯了。

問題不在於老天和運氣，而在於你個人，你不懂得「抱殘常安，守缺常全」的道理，心存貪念，面對萬花筒般精彩、物欲橫流的世界，不去克制和捨棄，試圖擁有所有，不留一絲缺憾。然而事實如何呢？世界本來就有缺陷，人的一生不可能十分圓滿，俗話說「人生在世不如意之事十之八九」，這是常理，守住缺陷也是幸福，要是忽略了這個道理，當然會深陷不滿之中，無法準確地把握人生，做對事情。

有一天，在一棵高大的菩提樹下，佛祖正和一個人講經說法，那個人有無數的煩惱要請佛祖幫助解脫。

佛祖問他：「在世人的眼裡，你有錢有勢，有尊嚴有地位，有深愛自己的妻子，有活潑可愛的子女，你為什麼還不快樂呢？」

那個人憂傷地答到：「正是因為擁有了這美好的一切，我才不知道該如何取捨，如何安放自己的心靈。」

佛祖聽後，微笑著說：「我告訴你一個我親身經歷的故事吧！有一天，一個遊客旅途勞頓，一路上找不到水喝，馬上要因口渴而死，我看他可憐，憐憫他，就把一個湖泊放到他的面前。此人瞪大眼睛看著湖水，卻一口也沒有喝，我感到很奇怪，就問他，你既然口渴得要死，擺在你面前的是一湖的水，你為什麼不喝？那個人露出一臉貪相，回答說，我的肚子太小了，既然不能一飲而盡，那就不如一口也不喝，看著守著。」

講到這裡，佛祖停了下來，露出了慈祥的笑容，看了一眼似懂非懂的那個人，接著對那個人說：「人的一生中，會遇到很多美好、有價值的東西，只要你用心好好把握其中一樣就足夠了，弱水三千，只取一瓢飲。」

那個人聽後，如醍醐灌頂，豁然開朗，高高興興離開了。

貪多嚼不爛。找到屬於自己的東西，快樂地享有，這才是聰明人的做法。凡事都是如此，適可而止，不要太過貪婪，太過求全。

購買過車輛的朋友可能都有這樣的經歷：在選擇車輛時，都會從外形、價格到耗油、服務等等進行全面性的比較和篩選，試圖購買一輛各方面都是最優秀的車。於是我們的選擇標準出來了：價格最低、性能最棒、服務最好、品質最時尚。

試問這樣的車能買到嗎？相信很多人都會會心一笑，言下之意：買不到。確實如此，過分完美的東西根本是不存在的，花費精力去追求只會造成浪費，讓人陷入煩惱和痛苦之中。月有陰晴圓缺，人有悲歡離合，抱殘守缺不見得就是消極的做法，從另一個角度來說，順應自然變化，常懷一顆平常心，善於容納缺點和失誤，人生才會更精彩。

人生是不完美的，做事情也會存在各種無法避免的缺憾。與其避免缺憾，倒不如接納這些缺憾。比如任何事情都有一個發展的過程，過分地追求速度與完美，無異於揠苗助長。其實人生也好，事業也好，就是一場馬拉松比賽，不是看誰一時跑得快，而是看誰最終取勝。許多企業在經營過程中都渴望一朝發展壯大，成為業界老大，為此他們不惜一切代價提高效率，可是快速的增長勢必帶來巨大風險，將企業置於危險之中。

貪心求全，企圖吃一口飯就成為胖子，這是不可行的。有些年輕人走出校門後急於創業，動輒發動幾十人的團隊，動用所有資金，涉足多種項目，試圖一下子做成「大事」，發大財。這種做法是極其危險的，由於缺乏足夠的社會經驗和資金支持，沒有核心項目，規模越大，失敗也就越迅速。因此，他們要想創業，除了激情之外，更需要真功夫，心不要太大，最好設計一個核心項目，集中精力，穩紮穩打。

有個渴望成功的年輕人，向一個富翁請教致富之道。

富翁聽了他的想法，一言不發地從冰箱中拿出三塊大小不一樣的西瓜放到桌子上，然後對年輕人說：「這裡的每塊西瓜都代表著一定的利益，你會選擇哪一塊？」

年輕人毫不含糊地說：「當然是最大的。」

「好，」富翁說：「那請吧！」他將最大的西瓜遞給年輕人。然後，富翁撿起一塊最小的，吃了起來。

很快地，他就吃完了最小的西瓜，隨手拿起桌子上的另一塊西瓜。

此時，年輕人的西瓜只吃了一半，富翁拿著第二塊西瓜在他面前晃了晃，一臉得意地吃起來。

年輕人明白了，他放下手裡的西瓜說：「我知道了，我雖然選了最大的，可是卻沒有你兩塊加起來大。也就是說，我選了最大的，卻沒有吃到最多。如果西瓜代表利益，便說明了你獲取的利益比我多。」

看似抓住了大的，卻沒有獲取最大的利益，這個故事印證了貪多貪大不可取的道理。貪心求多，往往會被眼前的利益所蒙蔽，無法客觀地站在整體的利益上分析問題，造成實際收益降低。

全球知名的製藥公司默克製藥的總裁喬治默克二世曾經說過：「始終不要忘記我們的藥

品是治病救人，不在求利，但利潤會隨之而來，記得越清楚，利潤就越大。」這堪稱是企業經營的經典名言，默克公司履行這個說法，在二戰後無償為日本提供藥品，在治病救人與求利之間選擇了前者，捨棄了利潤，但是利潤卻滾滾而來，默克成為日本最大的製藥公司。

要避免貪心求多，就要拋卻虛榮心，不能急功近利，應該從長遠的角度思索問題，分析問題，敢於捨棄一些眼前利益，確保收益實際增長。

老鷹是公認的鳥類中最強壯的種族，動物學家們在研究老鷹時發現，牠們之所以如此強壯，與餵食習慣有關。原來，老鷹每次都會孵化出四、五隻小鷹，由於牠們居住在高高的巢穴中，老鷹父母們捕獵到食物後，回到巢穴時的獵物只夠餵養一隻小鷹。到底該給哪個孩子吃呢？與人們的傳統想法相反，牠們不會照顧弱小的孩子，而是看誰搶得最凶，最有力量，就把食物給誰吃。這樣一來，瘦弱的小鷹吃不到食物，很快就餓死了。而存活下來的小鷹，都是最兇狠、最有力的。經過代代繁衍，老鷹家族就越來越強壯了。

如果缺乏淘汰制度，不忍心捨棄，老鷹家族很可能逐漸衰退，最後退出空中霸主的地位。正是有了「捨」，才有了「得」，「捨與得」在自然競爭中得到充分展現。

你要記得：

1. 貪多嚼不爛，做事情應該適可而止。
2. 不要被眼前利益蒙蔽。
3. 懂得取捨，敢於取捨。
4. 缺陷也是一種美。

2 不要試圖左右別人，該放手時就放手

釣過螃蟹的人都有這樣的發現：在簍子中放一群螃蟹，不用蓋上蓋子，螃蟹一隻也爬不出來。為什麼會這樣呢？因為一旦有一隻螃蟹往上爬，其他螃蟹就會攀附在牠身上，直到把牠拉下去，結果一隻螃蟹也出不去。我們在觀察螃蟹時是否想到我們人類的行為呢？我們是不是也像那群螃蟹，在攀爬中不停地拉扯，結果誰也無法突破？

我們做事時，總是有所顧忌，不敢放手，捨不得放權給他人，結果讓自己百事纏身，精力分散，忙得團團轉，卻將事情搞得雜亂無章，只有苦勞，沒有功勞。而且越是徒勞無功的管理者，工作量就越繁重，什麼也管不好，最後一團糟。

對於這種狀況，我們說「捨得」不僅要捨棄利益，更要懂得「捨棄」權力，做為一名管理者，放手讓他人去做，以便解放自己的雙手和大腦，節約自己的時間和精力；同時放開他人的手腳，讓他人更主動地做事，協助自己實現目標。

放手讓別人去做，不要沉迷於權力，才不會扼殺獲得更大業績的潛力和可能性。

任何人都不可能單槍匹馬打天下，任何人也不喜歡靠指揮和命令過日子，他們都希望能主動地去工作。所以，檢查一下自己是否善於放權，是否做到了真正放權，是十分必要的。

第一，從自身的工作狀態去衡量，可以先來回答幾個問題：

★是否能夠立即說出三項最重要的工作目標？

★是否根據二八原理分配自己的時間和精力？

★是否是完美主義者？容不得一絲缺憾？

★是否總是加班，還要把工作帶回家？

★是否總有千頭萬緒的工作等著自己去做？平常安排的工作總是做不完？

如果有三個以上的問題回答「是」，那麼我們不得不提醒你：不要以工作狂自豪了，你完全不肯放權，寧願自己當牛做馬，也不知道放手給他人，這會阻礙工作進展，甚至會影響整體計畫。長此以往，你不但抓不住自己的權力，還要為此付出應付的代價，種了下屬的地，荒了自己的田。所以，如果你不希望事情這樣發展下去，就要盡快充分放權。

第二，從自身對待屬下的態度去衡量，也有幾個問題需要回答：

★不管在不在辦公室，是否總有屬下向你請示彙報工作？他們不停地打電話給你，甚至休假時也不放過你？

★是否常擔心屬下出問題，害怕他們做不好？

★屬下是否總是有問不完的問題？

★是否覺得自己不可替代，自己離開了整個團隊就無法運轉？

★是否事必躬親地交代給屬下任務？

這幾個問題中有三個以上回答「是」的話，我們也非常抱歉地說：你不是一位善於放權的管理者，你總是疑神疑鬼，擔心屬下們做不好事情，一天聽不到屬下彙報工作，你就會憂心忡忡。長此以往，屬下們綁手綁腳，無法發揮各自的才能，而你終日提心吊膽，忙忙碌碌，你們的工作難有進展。

從上面分析來看，可以明白不知道放權的危害很大，影響事情的發展。

那麼，為什麼人們不捨得放棄，又該如何科學地放權？

首先，人人都有「官癮」，以為有了權力就有了威信和地位，透過管制別人，可以獲得心理上的滿足。

有這種心態的人不願意放權，因為他們會覺得：「沒有了權力，我能管什麼？做什麼？」他們害怕失去權力，失去工作。

金小力是食品公司的市場經理，做為公司的創業元老之一，他多年來兢兢業業，勤懇努力，為公司行銷發展立下了汗馬功勞。

後來，公司的發展越來越快，規模逐步擴大，金小力的工作量逐漸增加。為了適應市場發展，也為了減輕他的壓力，公司為他聘請了一位助理。這名助理是歸國學人，工作能力和眼光都很超前。

一開始，助理只是幫助金小力做些輔助性工作，金小力也沒當一回事。可是過不了多久，助理要求參與一些核心工作，比如與重要客戶談判。看到助理熟練的技術水準，高超的外語能力，金小力忽然有些擔心，他想：「他學歷高，水準和能力都不錯，能夠替自己出力當然很好。可是要是他瞭解了所有的重要工作，我還有什麼用？這樣下去，早晚我的位置會被他取代，我也就失去了權力。」

懷著這樣的心態，這位曾經叱吒商場的老手頓感心驚，每當遇到核心問題，他都不敢輕易讓助理參與。

對於這種情況，我們認為主人公沒有正確地看待人才與權力兩者的關係。是金子總會發光，是人才總有用武之地，一味擔心下屬會超越自己，是沒有任何用處的。正確的做法是：可以將部分事務放權給下屬，為自己留出更多時間和精力，親自去做那些不能完全放權、具有戰略意義的事。比如在發展、融資、創新、領導力方面多下功夫，提升個人核心競爭力，不但不會損害個人地位，反而會水漲船高，當你帶領著一批能幹的人才時，你的能力自然會相對提高。

其次，有些管理者總是不放心他人，擔心他們出差錯，所以寧肯親力親為，也不願交給他們一些事情。

諸葛亮為了蜀漢天下鞠躬盡瘁死而後已，事必躬親地處理每件政務，不僅自校簿書，還親自審理各種案件。結果怎麼樣？他個人積勞成疾，對手司馬懿認為他：「食少事煩，其能久乎！」更為要命的是，由於諸葛亮過於能幹，行事謹慎，從國家謀略，到戰爭計畫，再到具體戰役，他都是事事跑在前面，不敢放手給他人，導致蜀中人才匱乏，手底下全是一些只會聽命，缺乏獨立思考和應變能力的人。在這樣的狀況下，諸葛亮只有「出師未捷身先死，常使英雄淚沾襟」。

有句話叫「因噎廢食」，擔心屬下出錯，就不交給他們任務，就屬於這種情況。有些管理者說：「不是不想交給屬下們任務，實在是太麻煩了。教會他們某件事，得花好長時間，這段時間內我自己做的話，早就做完了，而且還做得很好，不用擔心出錯。」

管理者擁有高超的技術和豐富的經驗，這不是錯。但一位管理者再怎麼樣也無法做完整個團隊的工作，儘管你做得比屬下又好又快，可是你怎麼知道將來有一天屬下不會超越你呢？今天你花費幾個小時去教會屬下，將來可以為你節省下幾天甚至更多時間，讓你有精力去做更重要的事情，讓整個團隊獲得更好的發展。老鷹在教雛鷹飛翔時，會把雛鷹逼到懸崖邊上，迫使牠們展翅；管理者不要以「擔心」為名，阻礙下屬們進步，而是積極地迫使他們去學習和努力。

再次，還有些管理者不願放手，是因為覺得屬下太笨了，無法領會自己的意圖。

不要抱怨屬下不夠能幹和機智，由於各方面的原因，管理者和下級之間往往存在著不同的理解，這很正常。管理者應該主動承擔起與下級溝通的責任，透過溝通，明確傳達自己的意圖，與下級達成一致的瞭解，避免在執行中出現的隱患。

你要記得：

1. 放手讓他人去做，解放自己的大腦和手腳。
2. 放手讓他人去做，激勵他人的積極性和主動性。
3. 多溝通，是放權的前提。

3 賺錢有數，生命要顧，給自己劃一條紅線

懂得取捨，敢於放權，除了可以獲得更長遠的效益之外，有一個好處不得不說：就是可以解放自我，放鬆身心，以健康的體魄面對生活和處理事務。

波爾森定律告訴我們，任何東西使用到其潛能極限時都會崩潰。對於我們的身體來說，也是如此。弓弦繃得太緊容易折斷，人體消耗過度容易出現毛病。前面講過的諸葛亮就是典型的例子。

人不是不知疲倦的機器，不可能隨時保持旺盛的精力和飽滿的激情。要想在有限的時間裡激發創造的潛能，就必須懂得取捨，善於放手自己不該做的事。我們羨慕商業精英、政界領袖、藝術名人，聚焦他們身上折射的光芒，可是我們想到在榮耀背後的壓力了嗎？調查顯示，現代社會很多人處在「過勞」的生存狀態下，「累」成為他們生活的主色調，英年早逝的名流也在逐年增加。為了事業透支健康，甚至付出生命，這樣的代價實在是太昂貴了！

因此，為了讓工作和生活能取得平衡，必須要為自己劃一條紅線：錢是要賺的，命也是

要顧的。在健康和錢財事業面前，一定要善於取捨，所謂留得青山在不怕沒柴燒，不能虧空身體，落得「壯志未酬身先死」。

戰後，農夫和獵人來到大街上，他們打算尋找點財物。

不一會兒，他們發現了一大堆還沒有燒焦的羊毛，兩人非常高興，一人一半捆在背上，繼續前進。

沒多久他們又發現了一堆布匹，農夫急忙扔下背上的羊毛，挑選一些較好的布匹揹上。

商人對農夫的行為不以為然，他撿起農夫扔下的羊毛，還有剩餘的布匹，全部捆到後背上。

商人背負的東西太多了，他氣喘吁吁，行動緩慢，不過他覺得十分值得，因為自己的財物越來越多，遠遠超過了農夫。

歸途中，兩人又發現了更值錢的東西——銀餐具，這說不定是皇宮的物品，在戰火中流落到街頭了。

農夫非常高興，扔下布匹，撿起銀餐具。

商人背負沉重，無法彎腰，也就只好眼睜睜看著銀餐具歸農夫所有。

就在這個時候，忽然狂風大作，暴雨傾盆，兩位饑寒交迫的尋寶人趕緊避雨，由於商人背上的羊毛和布匹全部淋濕了，重量陡增，他不小心摔倒在泥濘的水坑中，怎麼也爬不起來。

農夫攜帶輕便，輕輕鬆鬆回到家中，後來他變賣銀餐具，過著富足的生活。

人們習慣於追求物質享受，對生活品質和自身價值的要求越來越高。為了創造更多財富和價值，只好花費更多的時間和精力去工作，逐漸養成貪心不足的生活觀念。

貪婪是人生大敵，是事業的殺手。當貪婪成為一種習慣，人就變成奴隸，為了滿足欲望而無所顧忌，甘願犧牲自己的生命和靈魂。因此，杜絕貪婪，心態擺正，不要苛求不能之事。著名作家劉墉精闢地論述取捨之道：「沒有能力的人取不足；沒有通悟的人，捨不得。」做一個通悟之人，該捨棄的就捨棄，不要讓它們成為沉重的包袱；不為他人他物所束縛，淡定地面對一切，不去自尋煩惱。

幾個人在河邊垂釣，不遠處站著幾位遊客，正在欣賞風景。

這時，其中一位垂釣者釣上了一條長一尺多的大魚，魚落在岸上後，還在活蹦亂跳。大魚吸引了所有人的目光，幾位遊客都投以羨慕的眼神。然而出乎大家意料，垂釣者沒有把大魚扔進魚簍，而是解開釣鉤，順手把牠扔回河裡。

垂釣者的舉動令所有人大吃一驚，他們不約而同地發出驚呼聲，有人還在小聲嘀咕：「這個人野心不小啊！這麼大的魚都嫌小，看來他一定會釣到更大的魚。」

在眾人期盼的目光下，垂釣者很快又釣上一條魚。但這條魚不過幾寸長，實在不起眼。大夥兒都等著垂釣者把魚扔回河裡，不料垂釣者卻平靜地解開魚鉤，小心地把魚放到魚簍裡。

這太讓人奇怪了，有人忍不住問道：「朋友，你為什麼捨大而取小？」

垂釣者回答道：「哦，我家裡的盤子不過一尺長，太大的魚裝不下。」

善於捨大取小，以滿足的心態去做事和做人，才會實現知足常樂的境界，這樣的人不管在什麼環境下，做什麼事，都能保持樂觀的心態。

另外，物質文明的發展促進了現代快節奏的生活方式，這在某個程度上反映了社會的先進與文明，但也給人們帶來相對的苦惱。長期處在「快節奏」的生活當中，大腦不得不處於連續、快速的狀態中，而得不到休息和復原，結果壓力過大，產生緊張的心理，從而憂慮不安，精神不穩，健康頻頻亮起紅燈。

對於頻繁出現的健康問題，必須用心對待，採取科學的方法，在各種問題間進行適當的取捨，如此才能保證身體健康，從而保障工作和事業順利進行。

第一，注意體力工作和腦力工作相結合。

對於體力工作要合理分配體力，不要過度使用體力；腦力工作要注意精神愉悅，思路清晰，保持心情放鬆，情緒不緊張，壓力不過大，不要過度思慮，被事情和工作搞得暈頭轉向。

第二，工作與休息相結合，該休息的時候一定要休息，補充體力和腦力。

娛樂也需要講究，不能無所節制。適時的娛樂，有節制、健康的娛樂可使身體放鬆，消除疲勞，讓身心快樂。過分沉湎於享樂則會耗損精力，消磨意志，萎靡精神，損害身體，造成精神上的壓力。

總之，身體是生活事業的本錢，以良好的心態對待事業，在工作與休息之間合理取捨，保持健康的體魄和矍鑠的精神，才能充分享受成功的事業和美好的生活。

你要記得：

1. 給自己劃一條紅線，在健康和錢財事業面前，一定要善於取捨。
2. 做一個通悟之人，該捨棄的就捨棄。
3. 勞逸結合，該休息的時候一定要休息，以補充體力和腦力。

4 不怕打破傳統思維，勇於接受新思想

哥倫布發現新大陸後，有一次去參加宴會。有位客人對他表示不恭：「你發現新大陸有什麼了不起。新大陸本來就存在，你只不過是碰巧撞上了而已。」

挑釁者的言論立即掀起軒然大波，宴會上所有人的目光都聚集到哥倫布身上，看他如何應對。

哥倫布不慌不忙，隨手拿起一枚雞蛋對挑釁者說：「好吧！請你把這枚雞蛋立在桌子上。」

挑釁者接過雞蛋，在光滑的桌子上試來試去，始終無法立起雞蛋。

輪到哥倫布了，他拿起雞蛋在桌面上用力一敲，底下的蛋殼破了，雞蛋穩穩地立起來了。

挑釁者不以為然，指著雞蛋說：「你把雞蛋打破了，這怎麼能算呢？」

哥倫布說：「不破不立是一種客觀存在的東西，但是有人卻發現不了。」

由於沒有「破」的勇氣和信心，也就沒有「立」的可能和存在。「破」、「立」之間，展現出來的依舊是取捨的精神。不捨棄舊東西，不敢打破罎罎罐罐，一直停留在保守的領域之內，怎麼可能接受新思想和新事物，怎麼可能獲得進步和發展？

不管做什麼事情，發展到一定階段後，往往會形成一些特定的模式和觀念，這些東西如果不能適應新形勢與新需求，就會成為障礙，阻礙事情的發展，比如企業經營的瓶頸問題。這時如果不能打破已經形成的管理、行銷模式，停留在傳統的思維模式中，將很難有所突破。

如何打破存在的障礙呢？

第一，從心理上改變觀念，勇於拋棄舊的、沒用的東西。

有位著名文學大師說得好：「我們心裡的一道牆，永遠比外面的那一道牆，更難以打破。」「心裡的牆」，指的是一個人錯誤的心理和理解上的誤差，這是最頑固的障礙，只有打破這些障礙，才有可能將各種頑疾拋卻，投入工作。

第二，要勇於嘗試，勇於接受新鮮的想法和事物。

人們很容易形成依賴的心理，不願接受新的改變，不願去嘗試，這種守舊的思想非常可怕，會孤立自我和封閉自我，失去很多機會和創造的動力。

第三，定期檢討自己的思想、行為、習慣，以及人際關係。

在我們的思想中，「傳統思維」具有各式各樣的形式，比如經驗主義、權威、習慣、從眾心理、以自我為中心、直線思考等，都會妨礙事情的進步。要想做對事情，必須消除這些傳統思維，不能被它們左右。

愛因斯坦創立相對論後，德國一百位教授聯合出版一本書反對他，書名就叫《一百位教授證明愛因斯坦錯了》。當有人以此來質問愛因斯坦時，知道他是如何回答的嗎？愛因斯坦說：「只要有一人證明我錯了，就足夠了，何必要一百人。」

當人們沉浸在以「多數」反對「少數」、以權威論輸贏的傳統思維中時，愛因斯坦避開這些錯誤認知，回答可謂有力，充分展現出他超人一等的智慧和勇氣。

打破傳統思維，目的是創新。塞姆．沃頓說：「打破常規，逆流而上，另闢一條路，不受制於陳規陋習。如果有人以一種方式行事，你就有極好的機會反其道而行之。」開發創新能力，必須拋棄慣有的思維，積極地思考新方法、新途徑和新觀念。比如在經營領域，科技發展日新月異，任何一種新產品、新服務都難以持久地占領市場。要實現長期占領市場的目標，就必須不斷進行創新。

二〇〇二年，麥當勞公司遇到了前所未有的困難，公司股價下跌，在第四季時甚至出現了虧損。「漢堡搭配薯條」的速食食品受到了人們的質疑，導致麥當勞的市場占有率逐漸縮水，從三個國家完全撤離，在其他十個國家關閉了一百多家連鎖店。

針對難題，公司在經過透徹的分析後認為，困擾公司的最大問題是「品牌老化」。多年來，麥當勞堅持自己獨資，從不接受地方特色，五十年來一直使用「麥當勞叔叔」做品牌。而與他們競爭激烈的肯德基是如何做的呢？肯德基採取特許經營的模式，幾個月就會推出一款符合當地人口味、受當地人歡迎的食品。在這種模式下肯德基的連鎖店越開越多，遍及世界各地。

為了扭轉危機，麥當勞聘用新的全球首席行銷官，提出了「品牌價值管理」體系，策畫了麥當勞歷史上第一次品牌更新計畫。他們的行銷不再以「微笑服務」為主題，而是更新品牌形象，結合地方特色。公司陸續推出了「我就喜歡」系列行銷活動。此活動鎖定年輕一代，所有產品都圍繞「酷」、「我行我素」、「我做主」等理念。不僅如此，公司還為了順應消費者的需求，放棄了原有的產品理念，結合地方特色，不斷推出多款新型食品。比如在臺灣、新加坡等地推出「和風飯食系列」、「韓式泡菜堡」等東方口味食品，在中國推出「板燒雞腿漢堡」。

在一系列的措施下，麥當勞公司渡過了難關，二〇〇三年銷售持續增長，十一月份銷售收入增長達到一四・九%，公司股價回升，根據摩根集團評估，麥當勞的股票評比已經從「一般」調升為「超級」。

創新並不是一件容易的事，要有面對失敗的勇氣。嬌生公司的信條之一就是：「你必須願意接受失敗」。愛默公司也強調：「你需要有承擔失敗的能力。除非你肯接受錯誤，否則你不可能有任何創新與突破。」

實現創新，必須具有懷疑的精神。懷疑是求新的前提，魏格納因為看到南美洲東海岸線和非洲西海岸線的形狀十分吻合，懷疑它們曾連為一體，從而提出大陸漂移學說。「小疑則小進，大疑則大進」，沒有懷疑，也就沒有進步。沿著懷疑的道路探索，是創新的常見做法。在一切都快速變化的資訊時代，從習慣快速應變，懷疑現有模式，到另闢一條路，無不是創新的展現。鼓勵創新和激情，它們是經濟價值的泉源，重新創造自己，贏家永遠是那些大膽好奇、敢於取捨的人。

你要記得：

1. 從心理上改變觀念，勇於拋卻舊的、沒用的東西。
2. 勇於嘗試，接受新鮮的思想和事物。
3. 定期檢討自己的思想、行為、習慣、人際關係，以消除傳統思維。
4. 創新是做事情的一種途徑。

5

能屈能伸，退一步更好

有時候我們不得不做出讓步，被迫「捨棄」一些利益和觀念，有些人認為這是恥辱，是無能的表現，為此傷透了腦筋。難道事情真有這麼嚴重，我們必須為「捨棄」苦惱嗎？

有句話叫「大丈夫能屈能伸」，講的是明智的人懂得取捨，在逆境中知道如何保存實力，以待時變。韓信忍受胯下之辱，勾踐臥薪嘗膽，都是典型的例子。會做事的人，都是富有忍耐力，心高而不氣傲，他們能上能下，寵辱不驚，不為一時的得意而沾沾自喜，也不為一時的敗落而喪失志氣。

不要以為人生大道理，只適合做大事時使用，人生充滿著變數，隨時都會遇到不順心的事，都會面臨挫折。我們說承受壓力的強弱，代表做事情的彈性大小。當你承受的能力越強時，彈性就越大，將來成功的潛力和機會就越多。

如果你身在職場，下面這個測試可以檢測一下你承受壓力的強度：

★你認為能力越強升遷的機會就越大。

★你覺得壓抑著痛苦，工作過程中困難重重。
★你覺得公司的工作不是自己的事，沒必要付出太多心血。
★你覺得有諸多不滿意，終日都在抱怨。

如果你完全贊同以上四個觀點，並且在工作中日復一日地實踐著，那麼我們建議你不妨抬頭看看身邊各個職位上的人，他們是不是與你一樣？如果用心觀察和思考，你會得到這樣的答案：一個人能力再強，要是他自以為是，眼裡容不下別人，也很容易被團隊拋棄，因為他不懂得「屈伸自如」的道理，不知道「屈」，自然也就沒有迎接「伸」的可能了。這就像彈簧一樣，沒有壓力的時候，只能保持現狀，並且性能越來越差。

所以你應該放棄這些觀點，從現在開始學會承受工作的壓力，把它們當做正常的磨練，時間長了，自然會有回報。

彈簧法則不僅適合每位職場中人，也適合其他所有人，如果不懂這個道理，那麼升遷與你無緣，財神也不會照顧你，命運女神更不可能順利地降臨。所以，當你埋怨他人不重用你、痛苦事業無成、感慨命運多舛時，不如多想一想「能屈能伸」這句話，體會其中的深意。

蘇東坡是人們熟知的唐宋八大家之一，著名的文學家。可是大多數人對於他能屈能伸，寵辱不驚的個性恐怕瞭解不多。

當年，蘇東坡才學橫貫古今，紅遍天下，可是他出任杭州知府期間，因為「烏台詩案」遭到貶官罷職，流放他地，先後到過黃州、密州、惠州……

在輾轉流離中，蘇東坡沒有為自己喊冤叫屈，沒有因為莫須有的罪名沉淪，或者心態失衡。他將自己沉溺山水中，執著於詩歌和散文創作。在這段時間，他創作了千古名篇《水調歌頭·明月幾時有》、《念奴嬌·赤壁懷古》、《前赤壁賦》和《後赤壁賦》等。如果沒有能屈能伸的心態，不知道如何面對挫折，蘇軾如何創作出這樣的佳作？

做到能屈能伸並不容易，有「心機」的人看起來平凡，甚至給人「窩囊」的感覺，可是他們並非真的軟弱，他們是真正具有智慧，懂得取捨的人，他們看低自己，抬高別人，從而免遭嫉妒，為事情的進展鋪平道路。他們在被人誤解或者誹謗時，不爭不辯，報以微笑甚至贊同的掌聲，從而贏得眾人的好感。他們承認失敗，卻不失去信心，把失敗當做磨鍊自己的試金石。

總之一句話，該低頭時就低頭，不要逞強。佛蘭克林年輕時，有一次去拜訪一位德高望重的老前輩，進門時不小心頭撞到門框上，老前輩笑著對他說：「是不是很痛？不過我跟你說，這是你今天最大的收穫。」佛蘭克林莫名其妙。老前輩接著說：「該低頭時就低頭！」佛蘭克林恍然大悟。

「退一步海闊天空」，寬容是美德，沒有必要錙銖必較，別人賞你一個耳光，你也回敬他一耳光，有益嗎？如果吃了虧就想報復，那麼只會引起更大的爭鬥，最後兩敗俱傷。如果放人一馬，不去計較，看似吃虧實則得到別人的尊重，還有眾人的好評。

一九七六年，在美國總統選舉辯論會上，發生了這樣一幕：

《紐約時報》記者馬克斯質問現任總統福特關於波蘭的問題。

這是一個敏感的話題，福特回答道：「波蘭並沒有受前蘇聯控制。」還強調：「前蘇聯強權控制東歐的事實並不存在。」

當時，前蘇聯與歐美國家關係緊張，憑藉軍事力量壓制東歐，這是歐美國家非常擔心的問題。所以，福特這樣的言論出現在辯論會上，顯然屬於明顯的失誤，立即遭到記者的反駁。

馬克斯也許沒有想到福特總統會出現這樣的失誤，因此一開始盡量委婉地反駁總統，希望他能夠藉機糾正自己的說法。他這樣提醒總統：「提這個問題讓我感覺不好意思，不過您是在肯定前蘇聯？認為它沒有把東歐做為附庸國嗎？或者說前蘇聯並沒有憑藉軍事力量壓制東歐各國？」

如果福特明智的話，他應該藉著這句話給自己一個臺階下，承認失言，並且不再糾纏於此。

可是福特太自大了，他認為自己身為一國之主，全國的觀眾都在收看這場辯論會，自己怎麼能夠輕易認錯？認錯不是代表自己認輸嗎？於是，他劍拔弩張，與記者口舌相爭，不惜面紅耳赤，形象大跌。

結果，福特付出了沉重的代價，人們紛紛指責他的失策之舉。報刊上登出這樣的話：「他是真正的傻瓜呢？還是像隻驢子一樣的頑固不化？」

與福特競爭總統的卡特抓住機會，將這個問題一再提出，鬧得全國沸沸揚揚。

不肯承認小錯誤，結果付出大代價，這種不知道退一步的做法，有違能屈能伸的做事原則，自然會損失慘重。其實一些小錯誤沒有必要掩飾，甚至為此一爭長短，大可以輕鬆地一笑帶過，或者表示自己的歉意，這麼一來人們不但不會追究你的錯誤，還會認為你具有服從真理的良好風範，以及豁達的胸懷。一位心胸豁達、服從真理的人，當然會獲得大眾的喜愛和追隨，競選也就容易成功。

你要記得：

1. 該低頭時就低頭。
2. 在逆境中要知道如何保存實力，以待時變。
3. 當你承受的能力越強時，彈性就越大，將來成功的潛力和機會就越多。

6 難得糊塗，明察秋毫未必是好事

相信很多人都希望具有明察秋毫的本領，他們說：「只有目光敏銳，看清楚問題的細枝末節，才可能做對事。」一點也沒錯，看清楚問題是做事的前提，有助於提出詳盡的計畫和具體的方案，避免一些細節漏洞，以防意外發生。不過，「水至清則無魚，人至察則無徒」，過分計較細節，事事追求明察秋毫，一點小事也不肯放過，結果會怎麼樣呢？

芝加哥地區的一位法官，終其一生處理過四萬多的婚姻案件，在他職業生涯的最後階段，他開始認真調查造成這麼多不幸的原因。

結果令他十分震驚：大部分婚姻生活不美滿的因素，不過是一些雞毛蒜皮的小事。這些小事完全可以忽略不計，可是當事人不但沒有忽略，反而在這方面大做文章，最後導致婚姻破裂。

在管理中有句名言：「大事要爭，小事要讓」。小事為什麼要讓呢？人們看待任何問題都會產生差異，這很正常，如果在所有問題上都要一爭高下，非要分成你對我錯，這是不可能的。過分地追求細緻和認真，不但分散了個人的精力，無法分清主次輕重，妨礙大事的制定和落實，由「事事清楚」變成「事事不清楚」；而且還會造成人際關係緊張，產生形形色色的糾紛，讓人變得目光短淺，心胸狹窄。

鄭板橋有句著名的格言：「難得糊塗」，就是告訴我們為人處世應該有寬容的心態，小事上能糊塗則糊塗，不必過分計較，不為小事困擾。吉布林不是說了：「生命是這樣的短促，不能再顧及小事。」

小事糊塗，是一個高明的處世之道。一個人如果處處鋒芒畢露，表現出精明能幹的樣子，就像風中挺拔的樹，很容易引起別人的嫉恨，導致朋友越來越少，敵人越來越多。這種情況下，這個人的工作和事業就很難開展，會受到各種莫名其妙的牽制。究其原因在於人人都害怕被欺騙，過於精明的人會給人不放心、不踏實的感覺，因此與他往來的人會減少，即便與他往來，人們也會有防範之心，這樣一來，精明人做事不知不覺間就多了困難。

俗話說：「人算不如天算」，過多的算計不見得是好事。睜一隻眼閉一隻眼，不要抓著小事不放，把精力和時間放在重要的大事上，才是正確的做法。

當年居里先生去世後，一些好事者造了不少謠言中傷居里夫人，這讓居里夫人非常難過。難道就要在這些謠言中度過餘生嗎？居里夫人痛定思痛之後，採取了「裝糊塗」的做法，不去理會謠言，專心做科學研究。結果她第二次獲得了諾貝爾獎，讓那些造謠者無地自容。

要做到難得糊塗，並不是一件容易的事。

第一，需要一個開闊的胸襟，快樂地待人處世。

人非聖賢，孰能無過。當別人有了過失和缺陷時該怎麼做？不要吹毛求疵，寬容一些，糊塗一些，具有海納百川的雅量，才能團結更多的人，成就更大的事。有些人強調「眼裡容不下沙子」，一味挑剔別人的毛病，不管什麼事都喜歡爭到底，還以此作為自己的「優點」。在這裡可要警告大家，這種優點會讓你孤立無援，徹底失去朋友和幫助，並且變得鬱鬱寡歡，怨天尤人。《紅樓夢》裡的林黛玉就非常好勝不服輸，容不下他人一絲怠慢，還經常挑別人的刺，最後落得什麼下場？大家有目共睹。

如何區別大小事？有一個簡便的做法是改變自己的看法和觀點。比如你覺得某件事非常重要，非做不可，這時可以改變想法，把這件事置於微不足道的地位，看看結果如何？當你發現其實這件事並非想得那麼重要時，你就「難得糊塗」了一次。經過多次練習後，相信你的心胸會開闊起來。

要做到難得糊塗，還要善於從大處著眼，從長計議，不要拘泥於繁文縟節，為了小事斤斤計較。

青蛙是一名哲學家，在見到蜈蚣後，隨即被牠的百條細足吸引住了。牠忍不住想：「真是奇怪，四條腿走路都很難，一百條腿是如何行走的呢？」

哲學家喜歡研究奇蹟，青蛙也不例外，牠想來想去，搞不清楚蜈蚣是如何走路的，牠先邁哪條腿？然後再動哪條腿？

青蛙不想就此困惑下去，牠攔住了蜈蚣，說出了自己的疑點：「我是個無所不知的哲學家，可是我被你搞糊塗了。你有一百條腿，到底是怎麼走路的？據我研究，這麼多腿協調運動，簡直是不可能的！」

蜈蚣一臉無辜的表情，略有所思地說：「我從出生就是這樣走路，從沒想過你說的問題。既然你這麼說了，我得想一想才能回答。」

蜈蚣覺得青蛙說得對極了，便開始思考如何走路的問題。「自己先動哪條腿呢？」牠站在原地，想了又想，卻無法動彈，好不容易踹跚幾步，卻一頭趴下了。

蜈蚣不會走路了，牠抱怨道：「哲學家先生，請你不要問其他蜈蚣這個問題了。你瞧我一直是這麼走路，從來沒有出現過差錯。可是現在你把我害慘了，我不能動，一想到一百條腿移動，我真不知道該怎麼辦了。」

第二，要克服被小事困擾的毛病，就該學會聰明的思維方式，避免一些不必要的瑣事。

比如在公共場所被人踩了腳，這時是大動肝火還是息事寧人？聰明人當然選擇後者，他們寧可吃眼前虧，也不去計較誰對誰錯。再比如家庭矛盾，夫妻或者親屬間吵架了，該爭論到底，還是大事化小，小事化無呢？清官難斷家務事，解決家庭糾紛最好的辦法就是「難得糊塗」，不管對方做了什麼，裝作沒看見沒聽見，一切矛盾就不會產生；說聲對不起，主動認錯，也不會丟臉，反而讓矛盾在瞬間消失，生活如故。

你要記得：

1. 大事要爭，小事要讓。
2. 過於精明、計較的人會給人不放心、不踏實的感覺。
3. 從大處著眼，從長計議，不要拘泥於繁文縟節，為了小事斤斤計較。
4. 睜一隻眼閉一隻眼，避免一些不必要的瑣事干擾。

八方呼應：整合資源，為我所用

1 首先考慮的是人心，一個獨立的關係，勝過一千個關係

在美國有句俗語：「一個人能否成功，不在於你知道什麼(what you know)，而是在於你認識誰(whom you know)。」日常生活中，我們常常聽到身邊的人這麼說：「唉，我的人脈資源有限，很難做事。」「對啊，你瞧某某，人脈資源那麼豐富，做事當然容易多了！」人脈資源是近幾年流行的辭彙，大意是指人面廣，自然朋友多，好辦事。在資訊社會，人脈已經成為經濟發展的秘密武器，一個人只具備知識、財富，如果缺乏人脈，競爭力會大大削弱。

斯坦福研究中心調查指出：一個人賺的錢，一二．五％來自知識，八七．五％來自關係。

既然人脈如此重要，當然每個人都想擁有更多這方面的資源，拓展自己的事業和人生。

那麼，如何管理人脈、儲蓄人脈，並且不斷地讓人脈增值呢？

首先我們從拓展和維護人際關係開始談起。許多成功企業家的經驗告訴我們：當你在做交易時，首先考慮的不應該是賺取金錢，而是要獲得人心。

獲得人心，不僅適用於交易，也適用於其他任何事情。在人際溝通中最重要的原則就是

瞭解別人，然後讓別人瞭解自己。這就像看病要先診斷，然後開處方。獲得人心，需要你先去傾聽，瞭解別人的心思，再根據他的心思提出建議，尋求對方理解。這是一個比較長的過程，不過欲速則不達，如果不去考慮人心，將無法建立真正的人際關係。

美國前總統羅斯福曾經說過這樣一個故事：

有位穿著體面、頭戴禮帽的老紳士不小心掉進河裡，他不會游泳，所以拼命呼救掙扎。這時，恰好他的朋友路過，見情況危急，來不及脫外衣就跳下水，將老紳士救了出來。不過，老紳士的禮帽被河水沖走了。

老紳士脫離險境，對朋友連連表示感激。

轉眼間，這件事過去三年了，那位老紳士始終無法忘記那頂珍貴的禮帽，他整天責備那位救了自己一命的朋友，怨恨他弄丟了禮帽。

這種恩將仇報的做法，顯然是沒有站在對方的立場，沒有考慮人心。如果將心比心，與對方互換位置，相信老紳士再也不會抱怨朋友了。只有將心比心，理解別人的需求才能對症下藥。所有的工作都是為了解決問題，將心比心就是第一步，從對方的角度瞭解對方，更容易被人接受，有助於情感帳戶中存款的增加。

考慮人心並非簡單地付出，需要更高層次的智慧，以防好心沒好報——好心好意去幫助別人，別人卻不領情，或者把事情搞砸，讓事情惡化。

春秋時期，魯國頒布過一條法律，如果有人肯出錢贖回被他國抓去做奴隸的百姓，那麼政府會給此人一筆錢做為獎勵。

當時，孔子的學生子貢積極回應號召，拿出自家的錢財贖回了不少百姓。

但是他高風亮節，不肯接受政府的獎勵。

孔子聽說後責備他說：「你以為自己這樣做很高尚嗎？告訴你吧，你錯了。君子為人行事會起移風易俗的作用，能夠成為大眾的典範。如果你只為了個人的心思，為了博取好名聲，就隨意而為，那麼你看看吧，魯國富人少，窮人多，你創下了贖人不要獎勵的先例，以後大家就會認為接受獎勵是丟臉的事，大家都不要獎勵，誰還贖得起人？這樣下去，贖人回國的風氣就會慢慢消失了。」

孔子能夠從人心世道出發，從公眾利益出發，做出了最公正有力的評判。就事業而言，公眾的成功才是真正的成功和長久的成功。博恩．崔西說：「人生當中足足有八五%的快樂和成功將會取決於你和他人的良好關係。」維護私人的人際關係也好，服務群體的需要也好，都要站在一定高度上，提高個人修養和能力。追究人際衝突會發現，所有的矛盾都是由於雙方對角色和目標認識不清造成的。

其次，我們應該認識到人際關係既然是一種寶貴資源，就要進行整合利用，以保證發揮最大功效。

第一，整合人脈資源必須是健康的，以自身的魅力積聚，減少酒肉錢財、投機僥倖等行為，因為憑藉這些東西得來的人脈不會長久，不利於事業，反而帶來很多負面效應。

第二，整合人脈資源需要有的放矢，根據不同人脈採取不同措施，避免浪費時間和精力，避免造成失誤。

比如身為公司主管，如何發展與下屬們的關係呢？這時建立一種獨特的關係就十分必要。也許這與你從前聽說的不同，在常人眼裡主管應該得到愛戴和遵從。沒錯，如果下屬不能聽命於主管，可能不會盡心盡力地做事。然而從主管的角度來說，他也不希望下屬們只是工作的機器，從不提出不同的意見。相反地，來自下屬的建設性意見會帶來創新和動力。因此聰明的主管總是能夠處理好與每位下屬的關係，建立起微妙的關係網路，在這張網路上每個人都找到自己的位置，並快樂、主動地做事，留下自己的印記。

第三，整合人脈資源，需要注意長期投資性、可拓展性、有限性和輻射性幾個方面。

先說長期投資性，指的是在平時就要注意累積人脈，不要臨時抱佛腳，遇到麻煩了才去找人幫忙。比如做業務，應該從平時就注意尋找潛在客戶，與他們發展關係。

有兩戶人家為鄰好幾年了，可是從沒有來往。

有一天，一家女主人做飯時突然發現醬油用完了，她沒有打發女兒去買，而是敲響鄰居家門，向鄰居家女主人借了一瓶。

過了幾天，為了表示謝意，她不但買了一瓶醬油，還送上自己做的一盤小菜。鄰居家女主人非常高興，從此她們開始往來，不久就成為無話不談的好友。

其實醬油和小菜都是藉口，那位女主人實在聰明，她不過是靠這個方法創造機會，從而建立起良好的鄰里關係。

可拓展性，指的是人脈可以透過維護而長期存在，比如透過合作、交流、幫忙、友情等，使關係得到鞏固，並進一步發展。同時在長期交往中延伸出新的人脈關係。

有限性，是針對我們一般提到的「大數法則」而言。為了開闊人際關係，認識的人越多越好。一個人一生可以認識多少人呢？據研究發現一般不會超過五百人。可是這些人當中真正幫助自己的有多少呢？一般不會超過五十人。也就是說來自不同的人脈，提供的幫助是有限的，你的發展受此限制。

從另一個角度看，不管一個人的人脈多廣，事業多大，與他關係密切的人畢竟數量有限，與這些人之間建立獨特的關係，或互相幫助與提攜，或者需要對付與提防，都是最為重要的。

輻射性，是說人脈與其他資源不一樣，它具有輻射性，以每個人脈為中心，又可以發展出無數個新的人脈關係。比如你的朋友幫不了你，可是他的朋友可能會幫你。

以上分析了人際關係多面性，有一個問題我們必須強調一下，可以利用的關係越多越好，但是過於龐大的關係網也會成為負擔。正確的做法是根據自身需要，建立一個適當的關係網，並且經營一些獨特的關係。換句話說，應該注意人脈資源的品質，結交關鍵性人物，便可大力推動事業發展。

你要記得：

1. 將心比心，從別人的角度去瞭解他。
2. 要有智慧的思索人心，公眾的成功才是真正的成功和長遠的成功。
3. 有選擇地發展各種關係，整合人脈資源。
4. 一個獨特的關係，勝過一千個普通關係。

2 借來的雞也會下蛋，學會請別人做自己的手腳

我們維護和發展人際關係，無非是希望他們能夠為自己所用，發揮能量為我們提供各種幫助。

那麼，如何發揮他們的作用呢？在打好關係的基礎上，還要學會請別人幫忙，讓他們做自己的手和腳。

有人會說：「請人幫忙還要學嗎？」心存疑慮的朋友不妨看看身邊的人和事，有些人確實有著一定的關係網，而且為人也不錯，有的還是公司主管，可是他們做事效率不高，似乎無法指揮自己的關係網。

請人為自己出力，這是非常講究策略的事情。

首先，應該從心底明白，一個人的力量有限，必須借助他人的力量，才有可能把事情做好。李嘉誠說過這樣的話：「假如今日，如果沒有那麼多人為我做事，我就算有三頭六臂，也沒有辦法應付那麼多的事情，所以成就事業最重要的是有人願意幫助你，樂意跟你工作，

這就是我的哲學」

要讓人幫助自己，就該看到別人的長處，瞭解自己的短處，善於取長補短。記住一件事：你解決不了的問題，對你的朋友或者其人來說可能非常輕鬆。

一個夏天的黃昏，小男孩在後院裡玩耍，他前面擺著自己的玩具沙箱，裡面擺放著他的各種玩具，塑膠桶、小汽車、塑膠鏟子……他開始修築「公路」了，可是沙箱中有一塊大石頭。

小男孩必須清除這塊巨石，他很有頭腦，用鏟子不停地挖掘石頭四周的沙子，試圖把它挖出來。可是他太小了，與他比起來，那塊石頭簡直是龐然大物，所以他費了很大的力氣，才把石頭弄到沙箱的旁邊。

不過當他打算把石頭搬到沙箱外面時，他發現自己很難做到。

小男孩顯然下了決心，他手腳並用，搖搖晃晃地一次次推動石頭，可是每當石頭往上移動了一點時，便從他手中滑脫，重新滾回沙箱。

他一次又一次的努力，汗水都流下來了，然而不但沒有成功，還把手指頭砸傷了。

小男孩哭了，為手指受傷，也為無法搬動石頭而哭泣。

哭泣的小男孩不知道，他的一舉一動都被站在窗子後面的父親看見了。

這時，父親來到兒子身邊，語氣溫和地對他說：「孩子，為什麼你不用所有的力量呢？」

「我盡力了，我已經用盡所有的力氣了，」小男孩抽泣著說：「我真的已經用了所有力量。」

「不」父親糾正道：「兒子，你還沒有用盡所有的力量，因為你沒有去請求我幫忙。」說完，他彎下腰輕鬆地抱起石頭，把它搬出了沙箱。

「借用」別人的長處，解決自己的難題，是最經濟方便的做事之道。科勞克五十二歲之前從來沒有賣過麥當勞，可是他從理查兄弟經營的麥當勞店看到了前景，於是買下了代理權，最後將麥當勞開遍全世界。後來人們在研究科勞克的成功之道時，不無感慨地說：「要能利用別人的長處，要生產能帶來利潤的產品……」

可見，借用別人的長處，需要具有一雙慧眼，善於發現別人的長處，並盡可能為他們創造發揮特長的機會。

有位著名的企業家在一次演講時，聽眾們不約而同提出了一個問題：最成功的做事法則是什麼？

企業家想了想，他什麼也沒有說，而是轉過身在黑板上畫了一個圓。這個圓有些奇怪，沒有畫滿，留下了一個小缺口。

畫完後，企業家問聽眾：「大家說這是什麼？」

聽眾們回答非常踴躍，答案各式各樣，有的說「零」，有的說「圓」，還有人猜測這代表「沒有完成的事業」，或者「人生」。

聽著七嘴八舌的回答，企業家沒有表示對錯，他只是頗具深意地說：「你們問我為什麼會如此成功，其實道理很簡單，我從來不會把事情做得很圓滿。這句話的意思是說，我做事會留下一個缺口，讓我的下屬們去努力填滿它，就像這個還沒有畫完的句號。」

這是一位十分聰明的管理者，懂得如何為下屬創造機會。我們說凡事親力親為，不但會讓自己的工作非常繁雜，還會扼殺同伴們的智慧，長此以往，他們就會形成惰性，降低責任感，把所有的問題和責任都堆到管理者身上。這樣的情況久了，團隊的積極性會下降，下屬們會產生反抗的情緒，不肯主動做事和承認錯誤，想想看，這樣的團隊如何在激烈的競爭中立足？

因此，想獲得他人幫助，就必須為他人創造一種樂於幫助的氛圍，讓人心甘情願地付出，而不是勉強而為。現代流行一句說法：職場工作應該從「要我做」變成「我要做」。這是精明管理者應該學會的本事，讓員工積極主動做事，快樂地工作，不僅會大大地提高效率，還能創造一種長久而高效率的企業文化。

讓人主動做事，除了給予真誠的肯定和鼓勵，充分發揮他的長處外，還要善於傳達自己的意圖，讓他能夠準確地按照自己的想法去做事。

龐敬是戰國貴族，非常懂得揣摩人的心理。

有一次，他派遣部屬巡察四方國境的安全。

他率先派出一名部屬，在部屬正在執行任務時，忽然下令將其召了回來，命其駐守待命。過了一段日子，他又發布命令讓這名部屬繼續巡察。

這一反覆的過程讓部屬心生疑惑，感覺其中必有緣故，於是在巡察時他格外用心，不敢有絲毫怠慢。

透過這種方法龐敬達到了刺激部屬的目的，準確地告知部屬該完成的任務。

每個人都有自己不同的才能，都有奉獻之心，如果能夠讓每個人的才能準確地加以釋放，形成合力，那麼力量將會無限放大。

你要記得：

1. 你解決不了的問題，對你的朋友或者其人來說可能非常輕鬆。
2. 留下缺口，讓下屬去填滿它。
3. 傳達自己的意圖，讓別人幫忙幫到底。

3 別把飛機的引擎裝在拖拉機上，人才分配要合理

法國有家小企業，只有一百二十人，卻實現了年銷售額超過千萬歐元的業績。這家公司生產全鋁風帆遊艇，公司老闆在談到管理經驗時說：「讓每個環節都做到物盡其用、人盡其才，是我們實現高效率經營的法寶。」公司一百二十人，只有五名管理人員，包括老闆、老闆助理、市場經理、財務經理、生產經理。一個蘿蔔一個坑，一點也不浪費人才。

談到人才安排，很多人感到頭疼的不是人才缺乏，而是如何合理配置。一位總裁在談到這個問題時曾說：「別把飛機的引擎裝到拖拉機上」。長久以來，人們習慣認為高級人才就是厲害、能量無限，卻沒有意識到位置的重要性。很多時候，一個人的才能如何，關鍵是看他在什麼位置上和做什麼事，只要在這個位置上做出成績，他就是人才；如果不適合這個位置，再高的學歷和職稱，再大的本事又有何用？

在市鎮與市鎮之間的公路旁，住著一戶以種菜為生的人家。長久以來，他們一直為肥料不足所苦。

直到有一天，這戶人家的主人突發奇想，想出了一個好辦法。他們在公路旁，用竹子和茅草蓋了一個簡易廁所，提供來往行人方便，同時解決自家的肥料問題。

這個方法真管用，來往的人都非常高興，主人種菜的肥料從此再也不缺了。他的蔬菜長得肥美，賣出了好價錢。

在路對面還住著一戶人家，也是種菜為主，他看到這種情況，心生羨慕，並且決定：「我也要蓋個廁所。當然，為了讓更多人到我的廁所裡方便，我要蓋一座高級豪華的廁所。」

於是，他買了磚瓦漆料，聘請了能工巧匠，蓋了一座比對面廁所大一倍，粉刷乾淨整潔的廁所。然而，完工之後，情況的發展令他非常不解，儘管自己的廁所如此豪華，前來方便的人卻少之又少，而對面的簡易廁所裡人出人進，照樣十分受歡迎。

這到底是怎麼回事？在詢問過路人之後，他終於明白了：原來他的廁所太乾淨，太高級了，一般人路過這裡還以為是神廟，內急的人都忙著跑廁所，誰會去神廟裡。

高級豪華並不一定適合所需，這個故事道出了人才管理當中「大材小用」的問題。儘管大材小用包含同情之意，但我們也應該明白，這是人才管理的錯誤現象之一。管理者不能科學分工，無法讓每位員工清楚明白自己的職責和目標，從而導致了推諉、延緩、效率下降等不良現象。

總之，不能合理地用人，是管理中最大的敗筆。漢高祖劉邦被公認為「會用人」的典範，因為他合理地使用張良、韓信和蕭何三位奇才，成就帝王大業。從他的成功之中我們看到，人才不僅要優秀，還要合理組合與搭配。

第一，發掘每個人的長處，盡可能安排員工做擅長的事。

員工做事是為了賺錢，不是為了聽人教訓、糾正缺點。糾正缺點是老師的任務，不是老闆的工作。作為管理者，要想放大員工的優點，唯一的辦法就是讓他做擅長的工作。

有一家公司聘請了一位維修工程師趙先生，此人既有經驗還熱愛學習，似乎是工程師的最佳人選。可是工作幾天後，老闆發現趙先生為人固執，不善交際，經常得罪客戶。怎麼辦？老闆沒有解雇他，而是想到他的這個特點完全可以勝任另外一個工作——倉儲管理。這個職位不用與人打交道，每天收發貨物，需要的就是按標準辦事。果然，趙先生做了倉管後，工作得心應手。

第二，學會安排工作，讓員工們形成一個互相配合的工作流程。

現代公司內，員工們的工作量往往較大也較雜，有時候一個人就是一個部門，做了這個忘那個，也是經常發生的事。為了保證工作的流暢性，就要相互配合，互相幫助。

第三，及時地調整，根據工作人員的實際情況，增加或者減少某些部分和職位，以確保工作效率。

有位炮兵軍官上任後，先後到幾個部隊視察操練情況。

在這個過程中，他發現一個奇怪的現象，每當操練時，有一個士兵就會站在大炮的炮筒下，從始至終，他紋絲不動。

這是為什麼？

部隊裡的士兵都說：「這是規定。」

操練規則確實是這樣規定的，可是軍官發現，這條規則是從前制訂的，那個時候還是馬拉大炮的時代，當時必須有位士兵站到炮筒下，任務就是拉著馬的韁繩，以防發射時因為後坐力產生距離偏差，從而減少再次瞄準的時間。

如今大炮早就不用馬拉了，當然也不用一位士兵站到炮筒下。

可是條例沒有根據時代變遷而改變，所以出現了不拉馬的士兵這個奇怪的現象。

軍官將這個情況反映到國防部，受到了表彰。

不能及時地調整，造成不必要的浪費和損失，這種做法完全扼殺了員工的積極性。盛田昭夫任索尼董事長期間，為了營造競爭氣氛，發掘人才，首創了人員內部流動機制，以加強人力資源管理的合理性。他陸續公布一系列人事制度改革措施，其中公司內部每週出版一次報紙，常常刊登各部門的「求人廣告」，員工可以自由秘密地前去應徵，他們的上司無權干涉和阻止。原則上每隔兩年就讓員工調換一次工作，主動提供他們施展才華的機會，新的制度實行以後，有能力的人才大多找到了適合自己發展的滿意職位和工作，也使那些流出人才的部門存在的問題暴露了出來，管理者對症下藥，及時糾正那些部門工作中存在的問題和錯誤，促使各部門真正對人才的重視。

你要記得：

1. 要想放大員工的優點，唯一的辦法就是讓他做擅長的工作。
2. 學會安排工作，讓員工們形成一個互相配合的工作流程。
3. 根據工作和人員的實際情況及時地調整。

4 把命令清楚地轉換成符號

日本本田公司創辦人本田宗一郎說：「總經理並沒有什麼了不起，他只不過是能把命令系統清楚地轉換成符號。」這句話聽起來還是讓人有些費解，難道總經理真的就這麼簡單嗎？又該如何把命令系統轉換成符號呢？在回答這些問題之前，我們先來看一個寓言故事：

有一隻狗外出穿過森林時，遇到一條寬闊的大河。

河水湍急，狗觀望半天，找不到渡河的辦法。

這時，河邊樹上的貓頭鷹伸出腦袋，看到了著急的狗，狗也看到了貓頭鷹，牠誠懇地請求道：「貓頭鷹大姐，請問妳知道怎麼過河嗎？」

貓頭鷹望望河水，輕描淡寫地說：「很簡單啊！只要你變成一隻青蛙，就可以游到對岸去了。」

狗想了想，繼續問：「那麼我要怎麼樣才能變成一隻青蛙呢？」

貓頭鷹一聽，不耐煩地說：「我只負責幫你出主意，哪裡知道具體該如何做，真是的，這要你自己動腦筋。」

沒有明確地指出「如何做」的步驟，一切主意和建議均等於「零」，對事情無任何意義。

可見清楚地解讀步驟，對於做事情的重要性。許多優秀的管理者都擅長敘述和傳達命令，他們能夠清楚地告訴人們該怎麼做，如何達成目標。

觀察身邊的人和事，不難看到這樣的情形：

☆每次召集會議，人越多麻煩越大。如果會議超過一百人，那麼至少要花費三十分鐘以上的時間召集與會人員；六十分鐘發布資訊；而且為了召開這次會議，至少需要三次以上的通知。

☆為了完成一項任務臨時組成的團隊，成員們要不就是盲目地聽從一人指揮，不去思考，也不去創新，要不就像一盤散沙，完全無組織和紀律，各做各的。

為什麼會這樣？是我們缺乏團隊精神還是太自私？有些人喜歡以螞蟻為例來說明團隊力量的作用，他們認為螞蟻是團結的好手。事實真的如此嗎？螞蟻的社會分工簡單，除了蟻后和公蟻外，我們見到的幾乎都是工蟻，工蟻們彼此並不認識，只靠氣味辨別是否屬於同一族群。牠們負責覓食的任務，彼此之間沒有職位區別，沒有命令與服從的關係，簡單地說牠們都是平等的。可見，這與我們人類社會中理解的團隊並不同，我們人類社會有等級差別，分工複雜而多變。

互不熟識、分工簡單、目標明確的螞蟻卻具有不容小覷的力量，牠們不僅找到食物，還以最短的路徑運送食物。在符合這個過程中需要調動八五％在外覓食的螞蟻，讓牠們集中到一粒糧食上。這是多麼高效率的工作，牠們是如何做到的？

一九九二年，馬科．多利戈博士提出了「蟻群優化演算法」這個說法，用於解決在複雜圖形中尋找最佳路徑的機率性技術。並指出螞蟻依靠簡單的溝通方式完成了複雜的尋覓食物、搬運、儲存等高級任務，從此，簡單規則被人們充分認識，並得到廣泛推廣流行。

簡單規則，用在管理中可以幫助我們「把命令系統清楚地轉換成符號」。

第一，盡量簡單地傳達命令資訊，越簡單越好。

一九〇一年，美軍在訓練時曾經這樣傳遞過一條命令。

當時，營長對值班軍官說：「明天晚上八點鐘左右，這個地區可能會看到哈雷彗星。這種彗星極為罕見，每隔七十六年才能看到一次，命令部隊，所有士兵穿迷彩服在操場集合。如果下雨，就到禮堂集合，為大家放一部有關彗星的影片。」

沒想到，值班軍官聽令後，對各部連長傳達道：「根據營長的命令，明天晚上八點哈雷彗星將在操場上空出現。如果下雨，就讓士兵穿著迷彩服到禮堂集合，一個罕見的現象將在那裡出現。」

連長又是如何對排長傳達的呢？他說：「根據營長的命令，明天晚上八點，不凡的哈雷彗星將身穿迷彩服在禮堂出現。如果下雨，營長將下達新命令，這種命令每隔七十六年才會出現一次。」

排長接到命令後，對班長做了傳達，內容如下：「明天晚上八點，營長將帶著哈雷彗星在禮堂出現，這是每隔七十六年才出現一次的事。如果下雨，營長將下達命令，讓彗星穿著迷彩服去操場。」

最後，班長該對士兵傳達命令了，他說：「明天晚上八點，下雨時，著名的七十六歲哈雷將軍會在營長陪同下，身著迷彩服，開著『彗星』牌汽車，經過操場到禮堂去。」

由於命令資訊過於複雜，每個人會產生不同的理解，這樣在傳達過程中就會出現誤解，以至於曲解本意，鬧出笑話。試想這樣的命令如何能夠完成？

第二，命令的內容應該一致化，以目標為核心。

在管理中，高層的意圖應該準確、有效地傳達，中層負有雙向溝通的責任，對上層的指示應該具體落實，對下層的資訊應該及時回饋。

第三，把工作量化。

我們都聽說過麥當勞有項規定：烤雞腿出爐後，二十分鐘之內沒有賣掉，就一定要丟棄。二十分鐘就是一個量化標準，是一個簡單的符號。為了達到這個目標，麥當勞要求每家店鋪不僅要掌握烤雞腿的技術，更要詳細記錄顧客的需求，找出顧客數量與烤雞腿數量之間的合理比例，保證烤出的雞腿既能滿足需求，又不會產生太多浪費。否則，烤得太多，二十分鐘內賣不完只好扔掉，增加經營成本；烤得太少，讓顧客等待的時間太長，又會失去顧客。

二十分鐘看似簡單，實則達到了非常有效的經營目標，真是難得的管理手段。這種量化方法在麥當勞中還展現在其他食品和服務方面，也都有相符合的標準。

一般來說，企業進行量化管理包括三個方面，首先確定工作任務的名稱，知道「做什麼」；其次是簡明內容和過程，指出工作任務的具體指標、方法和操作步驟；最後確定完成任務所達到的標準，用具體的數字、符號加以說明，比如數量、時間等。

現實表明，如果按照以上三個方面完成任務，可以有效避免「上級不滿」、「下級無功」的現象，不必為了一項任務費盡周折地去安排、調動，結果收效甚微。

你要記得：

1. 盡量簡單地傳達命令資訊，越簡單越好。
2. 命令的內容應該一致化，以目標為核心。
3. 首先確定工作任務名稱，知道「做什麼」；其次簡明內容和過程，指出工作任務的具體指標、方法和操作步驟；最後確定完成任務所達到的標準，用具體的數字、符號加以說明，比如數量、時間等。

5 各就各位，嚴防「越位」

陳平是西漢時期著名的丞相。

有一次，漢文帝劉恆問他，全國一年審了多少案件，一年下來全國的財政收支情況又如何？

陳平回答：「這些都有專人負責。」

劉恆接著問：「都是誰負責？」

陳平說：「司法問題，是由廷尉負責；財政情況，是由治粟內史負責。」

聽他這麼說，劉恆有些不高興，說了一句：「什麼事都有專人負責，那你幹什麼？」

陳平微微一笑，說：「陛下，我是丞相，對上是輔佐天子，調理陰陽，順應四時變化，適應萬物為宜。對外是鎮撫諸侯，對內是親附百姓，讓每位官員都能各司其職。」

劉恆聽了，連聲說：「好！好！」

各就各位，做好自己的工作，不要缺位或者越位，是保證工作順利進行的基礎。我們一向主張積極工作，並認為這是做好事情的鐵則，然而沒把握好自己的位置，工作中出力不討好的事情也常有發生。

常見的位置錯亂包括越位和缺位兩種。「越位」一詞來自於足球運動，後來泛指超越本職許可權、干擾他人的工作甚至替他人說話做事的行為。我們知道，足球是講究配合的團體運動，每個運動員都有各自的位置，前鋒、後衛、中衛、守門員，各司其職，分工明確，如果不能準確地把守好自己的位置，前鋒去打後衛，後衛又去做守門員，這支球隊必輸無疑。

其他事情與足球運動同理，不能扮演好自己的角色，不能在自己的職位上有節制地出力和做事，輕易「越位」，便會出現以下幾種情況：

第一，犯上：替上司說話做決策，甚至干預上司的工作。

許多人不明白，在一個團體中做決策的人是有限制的，做出什麼樣的決策也有限制，你該不該參與決策？這要看你的位置，所以不能胡亂參與決策，干擾上司的思路。

第二，擾鄰：私自干擾同職等人員職權範圍內的事，甚至犧牲自己的事去做他人的事，替他人做決定，結果造成關係緊張。

第三，欺下：對下級不放心、不放手，越俎代庖，隨意安排指揮，甚至親自去做下級該做的事。

毫無疑問，「越位」會帶來很多麻煩，使得部門之間不夠協調，分工混亂，職責不明，調度失當，造成大家搶著做「決策」、亂「表態」、隨便「工作」、不分場合「做事」等習慣。安海斯．布希公司創辦人安海斯．布希曾經說：「贏得所有業務往來關係人的信賴，是非常有價值的資產。」如果一個人總是越位，干擾他人，怎麼可能得到他人的信賴？

針對越位問題，必須採取有效措施有力地杜絕。

首先，要強調工作到位的重要性。一個人不能把自己看得過高，認為自己無所不能，正確的態度是找到自己的立足點，從此出發把握做事的位置。

其次，要有正確的思路，就是清楚明白自己的工作任務，有效地提高工作效率，避免盲目性，以防被其他事物牽著鼻子走。

再次，在措施上應該腳踏實地，處理好工作關係，爭取上司的認可，同級的配合，下級的支援，這樣才能做好工作。

現在競爭激烈，有些人為了脫穎而出，不惜冒著「越位」的危險挑戰極限與規則，他們不是超負荷工作，就是挖別人牆腳，其實這些做法於己無益，不但損害身體健康，還會受到道德譴責。試想一下，有哪位上司願意提拔一位不斷越位的員工？又有哪位下屬願意追隨一位喜歡「越位」的主管？孔子說「在其位謀其政」，做好分內的事，確定好自己的定位，這才是做事的根本。

在嚴防越位的同時，還有一種位置錯亂的現象值得關注，這就是缺位。「缺位」現象也是隨處可見。由於主觀原因，或者職位閒置、重疊，以及分工不夠落實，都會出現缺位。缺位是一種失職表現，讓職位空缺，既不能保證自己完成任務，還會影響到整體運作。

缺位會產生做事不到位的後果，影響到做事效率，造成不必要的浪費。

你要記得：

1. 「在其位謀其政」，扮演好自己的角色，在自己的職位上有節制地出力和做事。
2. 犯上、擾鄰、欺下，都是常見的「越位」現象。
3. 缺位會造成不必要的浪費，影響做事效率。

6 借勢還是取巧

白雁喜歡聚集在湖邊棲息，牠們會挑選合適的地方，還會安排一隻白雁站哨，負責注意四周動靜發警報，看到有人來了就鳴叫。

生活在湖區附近的獵人逐漸掌握了白雁的生活規律，他們想出對付的策略。到了晚上，他們會故意點亮火把，引逗站哨的白雁。白雁見到火光，果然嘎嘎叫了起來。這時，獵人趕緊弄滅火光，潛伏不動。

雁群聽到警告聲，紛紛驚飛而起，卻什麼危險也沒有。過一會兒，牠們放心地飛回遠處繼續休息。獵人們等牠們睡著了，再次燃起火光，於是站哨的白雁再次鳴叫警告，結果自然又是虛驚一場。

這樣三番五次後，雁群認為站哨的白雁謊報軍情，故意欺騙牠們，再也不會相信牠，還紛紛啄牠。

等到獵人最後一次點亮火把，悄悄向雁群靠近時，站哨的白雁害怕被啄，不敢鳴叫。結果，雁群被一網打盡，沒有一隻倖免於難。

獵人們憑藉火光造勢，輕鬆地捕獲白雁，這展現了「借勢」的作用。《紅樓夢》中薛寶釵有句詩：「好風憑藉力，送我上青天。」道出了憑藉外來力量，達成自己目標的深意。不管做什麼事，憑藉「好風」，自然可以輕鬆地上「青天」，反之只憑個人能力，如果沒有「風」，上「天」是難上加難。

縱觀世間萬象，沒有一樣東西離得開借勢，雄鷹飛翔靠的是風，樹木生長靠的是土地和陽光，月亮憑藉陽光散發出柔和的光芒，我們下圍棋，最講究「勢」與「利」的博奕。艾本斯坦創作過《勢利的美國人》一書，指出：「一個國家越是在意民主，它的人物就越勢利」。這告訴我們，如果要達到一定的利益和目標，就必須會造勢和借勢。

那麼什麼是勢？簡單地說，勢就是一種有利的位置，是取得「利」的一個重要條件。物理中講「勢能（位能）原理」，指的是處於高處的物體本身，其所在位置給它本身一種能量。打個比方，在腳下的一塊千斤巨石和在頭頂上空懸掛的小石子，你會更在意哪一個？當然是後者，因為後者可能隨時傷害我們，損害我們的利益。

「勢」無所不在，但並非絕對，它可以轉化，從優勢轉化為劣勢，或者從劣勢轉化為優勢。有句話叫「落井下石」，把對手推下深井，還蓋上石頭，透過降低對手的位置，抬高自己的位置，這樣一來，你處的位置比他高，「勢」就成為優勢。不過這種辦法十分卑鄙，而且對手也可以推你下井，降低你的位置，所以我們說提升自己的位置，正當的做法是不斷攀登，

「善假於物」，到達更高的位置，而不是「落井下石」。

要善假於物，就是要學會借勢謀利。

第一，尋找契合點，找到與「勢」相關聯的切入點。

是否可以借到「勢」，其關鍵在於切入點準不準確。鑿壁借光，是現代促銷中常用的借勢行動。諸如借助權威組織的力量，打造自己的品牌形象。借助組織的力量，或者某項科學實驗進行宣稱，提高品牌的說服力。借助名人的名聲和社會影響，提升品牌價值等。「借光」的活動很多，這種借勢一定要結合產品與地方特色，消費者習慣等。火鍋店利用火鍋節期間推出自己的產品；旅遊公司利用奧運會凸顯自己的旅遊景點，都會以較低成本達到較高的目標。

第二，圍繞「勢」進行策畫。

借到「勢」還不夠，還要根據具體情況做有效的策畫，也就是多動腦，讓「勢」轉化為

「利」。

小男孩凱尼跟隨大人從城裡移居鄉下。

他花一百美元從一個農民手裡買了一頭驢，農民答應第二天一早把爐子送來。可是第二天一早，農民找到凱尼說：「小夥子，對不起，告訴你一個不幸的消息，那頭驢意外死了。」

凱尼只好說：「好吧，那你把錢還給我吧！」

「不行，小夥子，錢還不了你了，我已經花光了。」農民無奈地說。

「那就把死驢送來吧！」凱尼要求道。

農民納悶地問：「你要一頭死驢幹什麼？」

「我要用那頭死驢做為幸運抽獎的獎品。」農民一聽驚叫起來：「一頭死驢怎麼可以做為抽獎獎品，傻瓜才會要牠！」

凱尼回答：「別擔心，我不會告訴任何人這是一頭死驢。」

過了幾個月，農民碰巧遇到了凱尼，就問他：「你買的那頭死驢後來怎麼樣了？」

凱尼開心地告訴他：「我用那頭死驢做為獎品舉辦了一次幸運抽獎，每張票兩元，我賣了五百張票，淨賺了九百九十八元。」

好奇的農民繼續問，「難道就沒有人對此表示不滿嗎？」

凱尼答道：「只有那個中獎人抱怨驢死了，所以我把他買票的兩元還給了他。」

這個小男孩凱尼就是許多年後的安然公司總裁。

當時博奕業方興未艾，在鄉下還是新鮮事物，聰明的小凱尼正是看中了這一點，輕鬆地就用一頭死驢，挖到了人生的第一桶金。

第三，借勢不是投機取巧。

有人希望透過借勢做「無本的生意」，其實這種理解是錯誤的，準確地說，借勢是一種優秀的資源整合能力，透過取長補短，巧妙聯合，實現從無到有，從小到大的過程。比如借用前輩的經驗、威信，借用合作夥伴的優勢，利用職位賦予的資源等，都是我們借勢的思維出發點。

當然，創造職場高效能，或者商場高效率，不是一天兩天的事，換句話說，借勢也並不一定立竿見影。我們需要的是持續的行動力，不要虎頭蛇尾，而是紮紮實實走好每一步。

你要記得：

1. 如果要達到一定的利益和目標，必須會造勢和借勢。
2. 尋找契合點，圍繞「勢」進行策畫。
3. 借勢不是投機取巧。

九九歸一：

只要做得對，人生永不悔

1 養成做事的好習慣，才會有好的行動

現代生活發展日新月異，什麼都在變，明天和今天不一樣，後天又和明天不同。面對生活的挑戰，我們難道非得每天都要心力交瘁地奔波嗎？難道我們無法擁有一個相對穩定的做事規則嗎？

這裡要告訴大家，良好的習慣會帶給你好運，幫助你接受壓力和變化，穩穩地駕駛生活的方舟前進。

習慣是生活中相對固定的部分，比如每天幾點起床、幾點休息，當你在固定的時間不斷重複這件事時，就養成了習慣。習慣具有強大的力量，好習慣可以讓人立於不敗之地，壞習慣卻可以將人引入泥沼。誰都希望擁有良好的習慣，提高個人的生活品質和做事的成功率，然而很多人與好習慣無緣，卻被壞習慣駕馭。如何擺脫壞習慣，唯一的途徑就是培養好習慣，開闢嶄新的心靈道路，並不停地在上面走動和施行。那麼時間久了，壞習慣因為不被使用而擱置，被荒草淹沒；好習慣由於長期地使用，變得深遠寬廣，更容易通向成功。所以說，培

養好習慣就像是心靈的築路工程，是極其重要的。

我們曾經談到過各種做事的方法、策略，比如提前計畫，合理分配時間，按照先後順序做事等等。這些做事的法寶可以大大地提高做事效率，減少浪費，幫助我們成功，可是生活中，我們常常是在遇到重大問題了才想起這些辦法，按照這些方法去做，這樣有可能提高某件事的效率和成功率，卻無法徹底改善我們做事的態度，最後依然不能改變我們的生活。

想讓這些好方法深入人心，就要把它們變成一種做事的習慣，然後長時間地實踐和使用。

下面介紹幾種好習慣的養成過程：

第一，想到做到，不能拖延到明天。

拿破崙．希爾說：「天下最悲哀的一句話就是：『我當時真應該那麼做卻沒有那麼做』。」生活中常常聽到這樣的言論：「我要是從去年開始做這筆生意，現在早就發啦！」，或是「我早想到事情會這樣，好後悔沒有做啊！」

千金難買早知道，後悔沒有特效藥。好的想法不去實踐，就像胎死腹中，只會造成痛苦，沒有任何收穫。如果從現在開始，不管多麼微小的創意，都去努力實踐，不要找任何理由推脫，過不了多久，這些創意會開花結果，讓你的生活更加豐富多彩。

第二，珍惜時間，避免拖延、做白日夢，要像鐘錶一樣準時。

時間是最寶貴的，沒有一個成功者不是惜時如金的人。世界汽車大王亨利．福特說：「根據我的觀察，大多數人的成就是在別人浪費掉的那些時間裡取得的。」

我們都知道時間的珍貴，卻不一定能做到珍惜時間，因為我們沒有養成珍惜時間的習慣。想養成珍惜時間的習慣，從現在開始，就要拒絕拖拉和懶惰，立即執行，不被白日夢牽絆。

有幅畫作畫的是，在喧鬧的大街上車水馬龍，人來人往，一片忙碌的景象。在這片繁忙之中，唯有一人佝僂著身軀，滿臉失意，在他的下方寫著一行字：尋找昨天。

我們總是想著不著邊際的事——過去犯過的錯和明天的夢，這些東西強烈的左右著我們，可是它們有什麼用嗎？唯一的特點就只是在浪費你的時間，耽誤你的工作，讓你一事無成！

第三，拒絕消極，培養積極的思維習慣。

如果你的嘴邊經常冒出這樣的話：「差不多吧！」、「馬馬虎虎」、「湊合著做吧！」、「絕不可能」，那麼我們可以斷定你的心態不夠積極，遇到問題馬虎大意，得過且過。這種心態無法做好事情，只會將事情搞砸，讓人生失敗。所以，不要說這類的話，哪怕已經嘗試了九十九次都沒有成功，也不要說「絕不可能」，而是積極地鼓勵自己：「一定還有更好的辦法。」

是的，總是有更好的途徑在等著我們，只要我們去嘗試和發現，就有可能成功。這需要積極的思維習慣，不管在何時何地，都不要洩氣，學會從不同的方向看問題，找到解決問題的真正辦法。

有三位旅行者住進了一家旅館。

早上，他們出門時，一個人帶了雨傘，一個人拿了拐杖，第三個人卻兩手空空，什麼也沒拿。

到了晚上，三個人陸續回到旅館，讓人奇怪的是，帶雨傘的人渾身濕透了，拿拐杖的人滿身都是泥，而那位兩手空空的先生卻一身乾爽，什麼事都沒有。

前兩個人感到不解，詢問第三個人：「怎麼回事？你沒有遇到雨嗎？」

第三位先生沒有回答，反問拿傘的人：「你是怎麼淋濕的？不過還好，你沒有摔跤。」

拿傘的人回答：「下雨時我暗自慶幸，覺得自己帶傘了，所以就大膽地撐著傘走在雨中。可是雨太大了，一把雨傘根本不能遮擋，結果淋濕了。至於沒有摔跤，完全是我小心翼翼，我知道自己沒有拐杖，走在泥濘的地方，當然要格外當心。」

「那麼，」第三位先生轉頭問拿拐杖的人，「你是怎麼摔跤的？」

「唉，」拿拐杖的人歎氣道，「我沒拿傘，下雨時就躲到屋簷下了。可是雨停了走在泥濘的路上時，不料拄著拐杖還是摔倒了。」

第三位先生哈哈笑起來：「我和你們一樣，也遇到了大雨。不過我什麼都沒帶，所以下雨時就趕緊躲雨，雨停了走路時十分小心，這樣既沒有淋濕也沒有摔跤。」

事情就是這樣，只要你具有善於動腦，擅長做事的好習慣，任何困難都會迎刃而解。反之，如果你沒有良好的做事習慣，哪怕準備得再充分，條件再優越，成功也會離你漸行漸遠。

你要記得：

1. 如何擺脫壞習慣，唯一的途徑就是培養好習慣。
2. 想讓好方法深入人心，就要把它們變成一種做事的習慣，長時間地實踐和使用。
3. 沒有好的做事習慣，哪怕準備得再充分，條件再優越，成功也會離你漸行漸遠。

2 放低姿態，腳踏實地，過好每一天

比利是當之無愧的世界球王，在二十多年的足球生涯裡，他參加過一千三百六十四場比賽，共踢進一千兩百八十二球。他曾經在一場比賽踢進去八個球，創造了紀錄。如此非凡的球技迷倒了世界球迷，也贏得對手們的尊重。

讓人更為敬佩的是，比利還是位談吐不凡、謙虛上進的人，當比利在綠蔭場上踢進去第一千個球時，有記者問他：「球王先生，請問您認為哪個球踢得最好？」

比利笑了，他回答：「下一個。」

「下一個」最好，這句回答不僅意義深長，也充分展現出一代球王的精神風貌。謙虛是我們一貫提倡的美德，是保證事業和人生成功的品質，在邁向成功的道路上，實現了一個目標後，不自滿、不驕傲，積極迎接新的挑戰，把已有的成功做為新的起點，這需要一種歸零的心態。

行銷界有句話叫：「腳踏實地來取得每一張單，做好每一天」。不管多麼華麗的行銷手

段，刻意為之都不如踏踏實實去爭取每一張單，更有效果。這句話告訴我們，做事要放低姿態，腳踏實地，不能好大喜功，過於張揚。

高爾夫名將黑根在介紹自己的經驗時，談到一個耐人尋味的方法。他在每局球賽前，都告訴自己準備打五、六個壞球。抱著這種心態上場後，他在場上打出壞球時也不會破壞自己的情緒，而是覺得十分正常，這樣一來他的心態就不會受干擾，可以正常發揮自己的水準。這種做法是一種典型的「放低姿態」，預先做好心理準備。

放低姿態，才能打好基礎，循序漸進，把事情做好。越王勾踐憑藉著低姿態，為吳王做牛做馬，最後成就霸業。老子說，堅硬的牙齒脫落完後，柔軟的舌頭還在，這說明柔軟可以勝過堅硬，「低姿態」反而能戰勝很多困難。

「低姿態」是做事的一種策略，只有「低姿態」者，才能踏實做事和做人。

「踏實」是個非常簡單的方法，人人都可以做到，《加西亞的回信》是一本暢銷世界的書籍，其中主人公羅文的做法為什麼受到世人推崇？因為他踏踏實實地履行了職責，完成了任務。可以說，他做的每件事其他人也可以做到，然而很多人沒有「踏實」的心態，不去腳踏實地的做事，所以半途而廢。

事業是一步步累積而成，沒有第一步永遠沒有第二步。「踏實」地走路，一步一腳印，才可以邁向成功。愛迪生一生的發明上千件，據統計每十五天就有一項發明。這麼驚人的發明成果是源自於什麼？愛迪生認為自己的訣竅就是抓住「今天」，每天工作十幾個小時。延長工作時間等於延長了生命，當他七十九歲生日時，便笑稱自己已「一百三十五」歲了。

「踏實」，並不一定是墨守成規，或者錯失良機。「踏實」做事，不是簡單地重複一件事，而是發揮本身具有的內涵，在基礎凌亂的現象面前保持冷靜，經過分析和思考，抓住每一個機會。

只有冷靜的頭腦才善於發現機會。機會就像是蒙著灰塵的珍珠，不輕易現身，當你在學會拭去灰塵時，就看到了珍珠。拭去灰塵，也許是一個再普通不過的動作，但絕不是單純的忍讓和付出，看清灰塵下面的珍珠後，就緊緊抓住合適的，屬於自己的那顆珍珠。

「踏實」做事，是累積的過程，不要忘記下一個高度。

一九五二年七月四日凌晨，弗洛斯．查德威克準備游過美國加利福尼亞海峽。如果能夠成功，她就是第一個游過這個海峽的女性，在此之前，她曾經成功地游過英吉利海峽。

當時濃霧瀰漫，籠罩著整個海岸線。

弗洛斯．查德威克在海水中游了十多個小時，她已經筋疲力盡，只好向教練示意打算放棄計畫。教練和親人們一再鼓勵她，快到目標了，再堅持一下！她堅持著游下去，然而過不了多久，她又一次示意放棄計畫。

教練和親人們最後同意她的要求，將她拉上了遊艇。讓弗洛斯．查德威克意想不到的是，此地距離海岸不到半英里。

事後，她極為懊惱，說了這麼一段話：「如果沒有濃霧，我能看清目標，我會戰勝疲勞和寒冷，抵達勝利的海岸。」

這個故事說明，「踏實」做事不能盲目，必須有明確的目標，而且還要不斷地提升。很多時候我們停滯的地方，其實離目標已經很近；或者我們達到一個近期目標後，就看不到下一個高度，這都是錯誤的。

「踏實」的最大特點是一步步走去，如果目標模糊，或者止步不前，就違背了「踏實」做事的原則。國畫大師齊白石先生，八十五歲高齡時依然每天畫畫，有一天因為心情不佳沒有畫，第二天連續畫了五幅，並題字勉勵自己：「昨日大風雨，心緒不寧，不曾作畫，今朝制此補之，不教一日閑過也。」

一天都不能浪費，「一日不做一日不食」，人生充滿了坎坷，事業充滿了荊棘，如果不能放低身段踏實做事，做好遭遇挫折和磨難的準備，如何經得起失敗的考驗？如何越挫越勇？

你要記得：

1. 放低姿態，預先做好心理準備。
2. 放低身段，做好遭遇挫折和磨難的準備。
3. 「踏實」做事，是累積的過程，不要忘記下一個高度。
4. 「踏實」做事，不是簡單地重複一件事，而是發揮本身具有的內涵，在基礎凌亂的現象面前保持冷靜，經過分析和思考，抓住每一個機會。

3 不值得做的，千萬別做，把握規則的底線

福布斯二世說：「不要做自己的奴隸，不是每件事都必須做。」這句話的深意是指不值得做的，千萬別做。

如果把工作當做一種遊戲，那麼用今天的話說，就叫「把握遊戲規則的底線」。許多人終其一生都不明白這樣的問題，他們似乎不瞭解完成一項計畫需要花費很多時間，也可能是無法判斷哪些事情該做，哪些事情不該做。

有位劇作家，他每次構思完一個劇本後，動筆前總要問問自己：「完成這個劇本會用多長時間？」如果需要花費一兩年，他就不去動筆。

不值得做的，千萬別做，這是我們應該掌握的原則之一。有位教授接受邀請參加一個全國性的科學研討會，他沒有經過考慮就答應了，並且認真做了準備。然而開會那天他發現與會者只有四個人！這讓他大失所望，此後他又受邀發表自己的論文，這次他一口回絕了，他知道，這家刊物根本沒有幾個人閱讀，只會白白浪費他的寶貴時間和精力。

慣。

不值得做的，也不知道拒絕，反而嘗試著去做，會帶給我們很多浪費，並養成一些壞習

第一，當你去做一些不值得做的事時，會產生誤解，認為自己完成了某些事情。

比如把沒人讀的論文填寫在履歷表上，這會給你什麼呢？自我感覺良好罷了，再無其他實際意義。

有位醫生自稱專治駝背，他在自己的門前掛上招牌，上面寫著：「不管駝背到什麼程度，像彎弓也好，像蝦子那樣也罷，甚至像飯鍋，經過我的治療，都會妙手回春！」

這樣的宣傳自然吸引人們的目光，有位駝背先生信以為真，乖乖來到醫生的診所就醫。醫生見到病人，既不開藥方，也不給他服藥打針，而是操起兩塊木板，把一塊放到地上，讓病人趴在上面，把另一塊木板壓在他身上，然後又拿來繩子，將病人和木板緊緊捆綁在一起。

接著，醫生一下子跳到木板上，在上面拼命亂踩。駝背先生夾在木板中間，疼得連喊帶叫，可是醫生不予理睬，照舊踩踏不止，結果可憐的駝背先生一命嗚呼。

駝背先生的兒子非常憤怒，找上門與醫生理論，請求賠償。

醫生不以為然：「我的責任是把駝背弄直，又沒保證病人的死活。」

醫生自以為醫好了駝背，實際上卻要了病人的命。可見不值得做的事，危害之大，會影響一個人的判斷能力，讓人沾沾自喜，失去做事的底線。

第二，不值得做的事，帶給我們最大的損失莫過於浪費時間和精力。

當你做這些不值得做的事，勢必要放棄其他一些事情，這樣就會浪費資源，不能有效地做其他該做的事情。

第三，社會學家韋伯認為：一項單純的活動如果具備規律性，在逐漸演變過程中會發展成為必然性。

我們注意到，很多組織、活動、報刊根本沒有存在的必要，可是他們為什麼屢見不鮮？原因就是大家習慣了，認同他們的存在。誰要是想取消他們，可是冒天下之大不韙，會有罪惡感。這個道理說明，如果經常從事不值得做的事，就會產生慣性，養成一種惡習。

第四，一項不值得做的事，會牽動許多不值得做的事，從而擴大浪費範圍，造成做白工的現象。

比如行銷，做了不值得做的活動，人們卻喜歡組織一個機構去監督，還需要各種管理人員、管理手冊等等，有時候還要推廣這種活動，教育大家如何去把不值得做的事做好。

面對以上種種缺陷，我們在做事前是否該學學那位劇作家，問問自己是不是真的值得去做？如果答案是否定的，那麼就千萬不要去做。這裡需要把握遊戲規則的底線。對於醫生來說，應該以病人的生命為前提，不要學習那位治療駝背的醫生，只顧醫好駝背，而要了病人的命。

首先，應該明白底線是什麼？底線是事情成敗的分界線，是一種原則，每個人的心中都有自己的底線，都有做事的原則，把握這個原則，就是守住底線。

有個笑話這樣講的：

某先生到某公司上班後，憑著敏銳的眼光，很快就發現了公司在管理方面的諸多弊端，於是他連夜奮筆疾書，洋洋灑灑寫了上萬言的建議書，交給了老總。他滿心希望老總給予重視，說不定還會提拔一下自己。

誰知，老總看了建議書，立刻打電話給人力資源部：「去調查一下新來的某先生，是不是精神方面有問題，最好趕快請他走人。」

也許有人無法理解，認為老總太武斷了，不能知人善任。如果你也這麼想，我們就奉勸你一句，職場中永遠不要試圖表現得比你的「主管」更有眼光和遠見。我們都熟悉楊修的故事，他處處表現出比人聰明的一面，結果如何？被曹操砍了腦袋，這就是現實。中國著名的打工皇帝唐駿在微軟工作時，構思了「唐氏開發模式」，他很知趣地先交給主管，在主管不認同的情況下，遵照微軟公司「上司不認同，但自覺有價值的建議可以越級上報」的規則，交給了上層，最後他帶領自己的開發案升任為公司中階主管。

從唐駿的成功中我們看到，把握底線，最好不要違背既有的明文規定，去觸犯眾怒。如果按照既有的規定去做事，事情會簡單得多。另一方面，也要花些功夫去瞭解潛在的底線，經常反省一下自己的行為，可以問問自己：「如果我是老闆，希望員工現在做什麼？」然後去做。

你要記得：

1. 當你去做一些不值得做的事時，會產生誤解，認為自己完成了某些事情。
2. 如果經常從事不值得做的事，就會產生慣性，養成一種惡習。
3. 把握底線，最好不要違背既有的明文規定，去觸犯眾怒。
4. 花些功夫去瞭解潛在的底線。

4 對自己的事負責，不輕易承諾，但要「超值支付」

賽場上，運動員承諾為國爭光，在遵守比賽的各項準則下，他們盡最大的努力超越極限，朝著更高、更遠的目標而奮鬥。其實，我們的一生如同運動員，做了承諾，就要負責到底。當我們是公司職工時，向公司承諾履行職責；當我們是老闆時，承諾將公司發展壯大；當我們是銷售人員時，承諾提供最好的產品和服務。承諾不是一句空話，需要付出和履行，這就是我們常說的「君子一言，駟馬難追」。

我們見過承諾太滿而無法兌現的現象，我們也時常為不能兌現承諾而感到膽戰心驚。

螞蟻搬家後，與兔子成了新鄰居。

某一天早晨，螞蟻找兔子玩。

兔子說：「不行，我今天還要去拔蘿蔔呢！要拔五百根，沒有時間玩。」

螞蟻聽了，連忙誠懇地表示：「沒關係。告訴你，我也是勞動能手，我們先去玩，下午我幫你拔蘿蔔，半天就可以做完一天的工作。」

兔子想了想，覺得很有道理，就高高興興和螞蟻玩耍去了。

牠們玩得很開心，一個上午都沒有想起拔蘿蔔的事。

下午，螞蟻果然沒有食言，早早來到兔子家：「走吧，我幫你拔蘿蔔。」

兔子非常感激，帶著螞蟻來到田裡。

可是螞蟻看到蘿蔔後，當場愣住了，牠不知道蘿蔔這麼大，別說拔，牠用盡力氣也動搖不了蘿蔔的一根鬚。

這可怎麼辦？螞蟻只好向兔子道歉：「真是對不起，我實在無能為力。」

兔子想責怪螞蟻，可是看著螞蟻一臉無辜的樣子，又能說什麼。

沒有辦法，兔子只好加班，連夜拔了五百根蘿蔔，才完成了當天的工作。

這則故事詮釋了承諾與責任之間的關係，在不瞭解真相時，再好的承諾，也不會得到兌現，從而讓你失去信用。可見承諾雖然帶有主觀因素，有些人主動地不去履行諾言；但也取決於客觀條件，考慮不夠充分，輕易做出的承諾，自然很難兌現。針對阻撓承諾兌現的因素，我們必須採取措施加以預防。而最好的方法就是：不要輕易承諾。

第一，承諾前應該理智地分析各種條件，以及所處的環境等方面。

「承諾」一詞多用於法律文件或者合約當中，又稱為「紳士約定」，具有法律效力，由此我們可以看出「承諾」不是簡單的一句話，最好從法律角度思考一下，自己是不是應該做出承諾？如果答案是「不」，就千萬不要承諾。

第二，不要逞強好面子，為了一時痛快輕易承諾。

有些人就是這樣，總覺得自己的能量無限，或者總懷著「幫人」的好意，胡亂答應別人的請求。結果呢？不但幫不了別人，還會為此損失了自己的信譽，讓承諾變成善意的謊言。

第三，不能為了個人利益，或者某種原因故意欺騙別人，承諾某些事情。這種做法是徹頭徹尾的欺騙。

第四，承諾時，最好提出一定的條件，以便於兌現承諾。

承諾的目的是為了兌現，應該根據具體的情況提出合理的要求和條件，比如承諾服務時，應該設定一些條件，產品在規定時間內損壞，要如何維修；使用不當造成損害時，又該如何維修等。不能眉毛鬍子一把抓，分不清責任，導致承諾無法正常兌現。

第五，承諾一旦做出，就要全力以赴地兌現。

西漢時有個人叫季布，很講信用，從不食言，當時人們這樣說他：「得黃金百斤，不如得季布一諾」，從而誕生了「一諾千金」這個成語。

有位培訓師到外地進行演講培訓，第一場培訓進行順利，可是到了第二場時，有位學員沒有到場。

培訓師的助理十分生氣，打算打電話質問這位學員。

這時，培訓師注意到他的情緒變化，於是問：「你準備如何跟他說？」

助理說：「當然要批評他。」

培訓師說：「為什麼要批評他？也許他有正當的理由。」

助理不以為然：「肯定是故意不來，哪有什麼正當理由！」

培訓師馬上說：「不要做假設，你一定要先問問原因，從對方的角度去打這個電話。」

助理最後接受了培訓師的建議，他得到的回答是：學員突然病了正在醫院就診。學員聽到助理關切的詢問，十分感動。

培訓師講課，是對學員做出了承諾，如何完美地兌現承諾呢？他不僅盡心上課，還能夠切身的關心學員，這相當於對承諾的「超值支付」。我們說，不要輕易承諾，一旦做了承諾，就要超值支付，這才是聰明過人的做法。

有些人認為，完成任務就是兌現了承諾，真實情況並非如此。運動員在賽場上，不是參加完比賽就算了，他的承諾是竭盡所能創造最好的成績。以下我們以產品售後服務為例，來看看這種現象。

有很多企業設置了負責售後回訪客戶的部門，如果你問部門員工一句話，就可以看出他們履行諾言的程度。這句話是：「你們在做什麼？」一般你會得到以下三種回答。

第一種回答：我們在進行售後的回訪。

第二種回答：我們在進行售後的回訪，以確保解決客戶的問題。

第三種回答：我們在進行售後的回訪，以確保解決客戶的問題；並且收集客戶回報的資訊，提供給公司和相關部門，從而進一步改善公司的產品和服務。

以上三種員工都在完成任務，但是他們履行承諾的情況一樣嗎？第一種員工可能做了詳盡的回報記錄，可是他們不會主動去思考工作的目的，工作對企業的用處，以及自己需要解決什麼問題。

第二種員工的情況較好一些，他不僅能完成任務，還明白自己工作的目的，還可能會主動解決一些問題。但是他無法真正理解承諾的深意，也就無法做出超值支付。

第三種員工是真正幫助企業履行承諾的人，他們懂得工作的目的應該服從於企業的承諾：即向顧客提供最好的產品和服務，因此他們會做得更多更好，能夠實現超值支付。

你要記得：

1. 承諾前應該理智地分析各種條件、所處的環境等，不要逞強好面子，為了一時痛快輕易承諾。
2. 承諾時，最好提出一定的條件，以便於兌現承諾。
3. 承諾一旦做出，就要全力以赴地兌現。
4. 不要輕易承諾，一旦做了承諾，就要超值支付，這才是聰明過人的做法。

5 學會克制，掌控情緒，生活工作兩不誤

很少有人不受情緒的影響，有時候甚至會因為情緒失控做出錯誤的決定和傻事，使工作和生活頻頻遭受災難。

為什麼情緒會影響自己做事呢？

對個體來說，本身的需要和客觀事物之間的關係總會存有偏差，這種偏差導致短暫而強烈的反應，就是情緒。可見情緒是主觀感受，是生理的反應，並表現出一些特定行為。我們常常說「一怒之下」怎麼樣怎麼樣，就是典型的受情緒影響去做某件事的現象。

有一天，孩子忽然對媽媽說：「媽咪，妳今天好漂亮耶！」「真的嗎？」媽媽又驚又喜，忍不住追問，「為什麼啊？」孩子笑嘻嘻地說：「因為媽媽今天沒有生氣。」媽媽無語。

童言無忌，原來擁有漂亮可以這麼簡單，只要不生氣就可以了。然而有人說了：「不生氣？談何容易！生活中充滿了不如意，工作那麼忙，怎麼可能不生氣！」

這裡要告訴大家，如果你真的不想生氣，辦法還是有的，就是學會管理自己的情緒，駕

馭自己的感受、反應和特定行為。通俗地說，管理情緒就是善於掌控自我、調節情緒，對生活工作中因為各種矛盾引發的反應進行適當地排解，保持樂觀的心態，緩解緊張的心理狀態。

情緒可以簡單地劃分為兩種：正面情緒和負面情緒。前者包括開心、滿足、樂觀、積極等；後者則包含難過、委屈、害怕、傷心、失意等。負面情緒危害極大，不管在生活中還是工作中，長期的負面情緒得不到解決，會降低生活品質，讓人喪失工作的積極性，使人際關係惡化，影響個人的績效水準。

管理情緒，主要是針對負面情緒——

首先，需要善於體察自己的情緒，隨時提醒自己注意情緒的變化。

比如問問自己：「我現在的情緒怎麼樣？」特別是當出現某些意外或突發事件時，如孩子不能按時完成作業，如果你察覺到自己已經生氣，就可以對自己的情緒做更好的處理。有些人認為負面情緒是壞的，因此不予承認，或者想方設法掩蓋壓抑，這都是錯誤的，會帶來更惡劣的結果。任何人都有負面情緒，學著體察這種情緒，是管理情緒的第一步。

其次，應該適當地表達自己的情緒，引起對方注意。

比如孩子不寫作業，你可以告訴他這會讓你擔心和生氣。當你把「我擔心、生氣」的感覺傳達給對方時，一般會得到對方積極的回應。反之不會適當的表達情緒，可能會激怒雙方，比如你對著孩子大吼大叫：「每次都不寫作業，真是丟人，讓我失望！」這種指責會引起對方的負面情緒，那麼他的反應就是防禦攻擊，這下子你們二人之間的吵架在所難免。

再次，應該學會以適當的方式緩解情緒。

情緒就像洪水，防堵壓抑是不行的，需要進行科學的疏導，讓它們不要積壓在心中。

林肯就任總統期間，有一次，陸軍部長斯坦頓來到他的辦公室，怒氣衝衝地向他抱怨，有位少將辱罵他做事不公正，偏袒一些人。

林肯靜靜地聽了斯坦頓的話，建議道：「依我看，你應該寫封言辭犀利的信回敬那傢伙，狠狠罵他一頓。」

斯坦頓眼睛一亮，接受了林肯總統的建議，當即揮筆疾書，寫好了一封內容尖銳，措辭強烈的信，交給林肯過目。

林肯一邊看著信，一邊不斷地點頭稱是：「對對對，寫得太好了，就是這樣，好好罵他一頓！」

斯坦頓得到總統的認可和鼓勵，十分激動，連忙翻出一個信封，打算把信裝進去。林肯卻制止了他：「斯坦頓，你要做什麼？」

「寄出去啊！」斯坦頓有些莫名其妙。

「不，不要胡鬧。」林肯提高了嗓門，「先生，這封信是不能寄出去的，你應該趕緊把它扔到火爐裡。明白嗎？多年來，我都是採用這個方法，在生氣時寫的信，全部扔進火爐裡。你在寫信的時候已經消氣，感覺好多了，那麼寫這封信的目的已經達到了，所以趕緊燒掉吧！如果你還有餘氣未消，就接著寫第二封。」

採取寫信的方式宣洩心中的憤懣，是情緒管理的方法之一。我們的工作中總會出現各式各樣的問題，我們做了很多，是否一定能得到相對的回報？如果不去管理情緒，不去疏導宣洩，我們做得越多矛盾就越多，人際關係也越發緊張；同時，我們超負荷運轉，透支健康，身心疲憊，情緒失控。

在現實中，管理情緒的方法非常多，總結有以下幾類：

第一，提高情緒智商，不被負面情緒影響。

這可以說是最基本的方法，俗話說：打鐵還要自身硬，只有自己的情緒智商（EQ），才可以應付各種意外和突發事件，那麼也就不容易被負面情緒影響。有句話叫「我們沒有辦法阻止事情發生，但我們可以決定這件事帶給我們的意義。」你可以把它看做是「災難」，從此一蹶不振，也可以看做是機會，避免下次重蹈覆轍。你如何看待它，它就會帶給你相對的結果。

提高情緒智商，應該多瞭解自己的情緒變化，知道自己的情緒容易受哪些因素影響，然後及早「打預防針」，盡量防止這些因素影響自己。

第二，創造愉快的生活環境，多運動、多聽音樂，培養對藝術的嗜好，陶冶生活情趣，可以調節情緒。

研究發現，運動可以促進腦內啡（endophin）的分泌，這種物質具有止痛作用，能夠喚醒人們喜悅的感覺，消除鬱悶。

每個人舒緩情緒的方式各不相同，比如有人喜歡騎馬，有人喜歡跳舞，有人喜歡到水邊散步，建議大家結合自身的愛好，培養一兩種業餘活動，用來消除壓力，疏導情緒。

第三，管理情緒，還要積極尋求社會、團體的支持。

研究發現，在人際疏離的地方，人類的平均壽命較短，患病率較高。這是因為人是社會性動物，彼此需要關愛與合作，誠實地交談，離開這些東西，情緒生活就缺氧，無法正常存在，生活和工作會受到極大的干擾。

你要記得：

1. 善於體察自己的情緒，隨時提醒自己注意情緒變化，是管理情緒的第一步。
2. 應該適當地表達自己的情緒，引起對方注意。
3. 應該學會以適當的方式緩解情緒。
4. 如果不去管理情緒，不去疏導宣洩，我們做得越多矛盾越多，人際關係越發緊張；同時，我們超負荷運轉，透支健康，身心疲憊，情緒失控。

6 人生只做一件事，就是不斷提升自己的道德

有一年，某個部落獲得了大豐收，酋長決定舉行隆重的豐年慶，他要求每戶家庭捐獻一桶自釀的美酒。

慶典的日子到了，家家戶戶帶著酒來到現場，他們把酒一桶桶倒進部落裡最大的酒桶中。

酋長宣布慶典開始後，命人抬著大酒桶繞場一周，依次為到場的每個人盛上一大杯美酒。然後，酋長帶頭品嘗美酒。

當大家舉杯共飲時，他們發現喝下去的不是美酒，而是清水。

大家都想魚目混珠，以清水代替美酒，結果誰也喝不到真正的美酒。世界就是這樣，你做了很多，耍了很多心機，可是未必能夠得到想要的。人生在世，忙忙碌碌，為的是什麼？衣食住行還是功名利祿？我們發現，不管是誰，為何而忙，如果與一件事情不合，將會很難成功，甚至徹底失敗。這件事關係重大，可以左右你的事業和人生，它就是道德。如果你能明白這個道理，能夠把畢生的精力用在一件事上——不斷提升自己的道德。我們說你會非常成功，甚至偉大。

很多人認為提升道德就是修身養性，做一個有道德的人，因此覺得提升道德與做事之間沒有直接的關聯，覺得「一輩子都在不斷提升道德」並不適合現代高效率、資訊化社會的需求。這種看法過於狹隘，沒有理解「道德」的內涵。

「道德」不是單純的指做一個什麼樣的人，而是指導我們做人做事的準則。孔子強調做具體事務時應該鍛鍊才幹，磨練意志；孟子認為做事時必須忍受痛苦接受磨練。可見，做任何事情都離不開道德的指導，只有努力提升道德，才會提高做事效率和成功率。

一個不講道德，不注意提升道德的人，註定無法做對事與做成大事。

小豬渴望成為神，於是向神請求，希望做神的徒弟。

神很高興地答應了。

這時恰好有頭小牛從泥沼裡爬出來，從頭到腳滿身都是泥。

神指著小牛對小豬說：「去幫牠洗洗身體。」

小豬驚訝地張大了嘴巴：「什麼？我是神的徒弟，怎麼可以去服侍一頭髒兮兮的牛呢！」

神聽了平靜地說：「你不去幫助別人，那麼人們怎麼知道你是我的徒弟。」

事情很簡單，只要真心去做就可以了。然而沒有幾個人可以做到，因為他們不願意提升自己的道德，不願意真心付出。提升道德，不是一句空話，而是在不斷做事當中得以累積。

當一個人承擔的責任越多時，道德感往往越強烈，這時他越發自愛；由於自愛，他就變得更加積極樂觀；由於積極向上，他就擁有了更多的創造力，更富有建設性。所以提升道德，可以增強一個人的能力，讓他感覺無往不利，不會停下前進的腳步。

提升自己的道德，是一生終極的目標，如果在不同的人生階段，不同的事業中，都能把握這個原則，以此為基準線，相信人生會越來越精彩。我們經常批評商人「見利忘義」，是說他們不講道德，只重金錢。事實上，這樣做的商人確實很多，不過他們的生意很難做好，往往中途擱淺。而有些人商人很少提到利潤二字，他們樂善好施，就像大善人一樣，卻名利雙收，成為最大贏家。

有一天，青木勤先生如往常一樣開車上班。

在路上，他看到公路上螞蟻般爬行的汽車一輛接著一輛，不由得想起汽車發展與環境污染的事。汽車排放污染氣體，已經嚴重影響著環境衛生，看看那些枯萎的樹木、花草，真是令人膽戰心驚。

青木勤是橫濱本田汽車公司的老闆，最近公司的銷售情況一直萎靡不振。

快要到公司了，青木勤先生手握方向盤準備轉彎，忽然看到眼前一株新栽的小樹苗，枝葉綠油油的，在繁華的大道上格外顯眼。這一瞥之下，青木勤先生靈感忽至，他想：「既然汽車會污染環境，那麼我何不一邊賣汽車一邊植樹呢？這樣既能夠美化環境、減輕污染，還可以促銷產品。」這個想法讓他激動不已，他急忙召集相關人員，制訂了一套新的銷售方案：每賣出去一輛汽車，就在街上種一棵紀念樹。

植樹方案推行後，公司從每輛汽車的利潤中扣除一部分，做為植樹的費用。這個活動果然大受歡迎，消費者們選擇汽車時，馬上想到：同樣都是汽車，不如買一輛綠化汽車，這樣可以減輕對環境污染，也算是對環保的一點貢獻吧！結果，銷售量迅速增長，青木勤先生也成為汽車業名人。

多做善事，是提升道德的一種途徑。我們看到很多企業熱衷於捐助，就是這個道理。記住：捐助不是穿上禮服每年參加一兩次酒會，就可以結束的事。正確的捐助應該是與社會同存在的事。換句話說，提升自己的道德，不是施捨，也不是回報，而是與社會建立在共同的利益之上，追求一個目標，並為此集中各種物力、人力和精力去努力和奮鬥的過程。

你要記得：

1. 提升道德，不是一句空話，而是在不斷做事當中得以累積。
2. 只有努力提升道德，提高做人做事準則，才會提高做事效率和成功率。
3. 一生只做一件事，就是不斷提升自己的道德。

國家圖書館出版品預行編目資料

找對方法做對事:方法永遠比問題多，用你最喜歡的九種方法做對任何事 / 夏欣著.
－－第一版－－臺北市：老樹創意出版中心出版；
紅螞蟻圖書發行，2018.05
面　；　公分－－(New century；62)
ISBN 978-986-6297-87-8（平裝）

1.成功法 2.生活指導

177.2　　107006385

New Century 62

找對方法做對事

方法永遠比問題多，用你最喜歡的九種方法做對任何事

作　　者／夏欣
發 行 人／賴秀珍
總 編 輯／何南輝
美術構成／上承文化
出　　版／老樹創意出版中心
發　　行／紅螞蟻圖書有限公司
地　　址／台北市內湖區舊宗路二段121巷19號（紅螞蟻資訊大樓）
網　　站／www.e-redant.com
郵撥帳號／1604621-1　紅螞蟻圖書有限公司
電　　話／(02)2795-3656（代表號）
傳　　真／(02)2795-4100
法律顧問／許晏賓律師
印 刷 廠／卡樂彩色製版印刷有限公司
出版日期／2018年 5 月　第一版第一刷

定價 280 元　　港幣 94 元

ISBN 978-986-6297-87-8　　Printed in Taiwan